古代歷史文化研究輯刊

十九編

王明蓀 主編

第32冊

唐代楷書之二篆系統（上）

郭伯佾 著

國家圖書館出版品預行編目資料

唐代楷書之二篆系統（上）／郭伯佾 著 — 初版 — 新北市：花
木蘭文化事業有限公司，2018〔民 107〕

目 14+178 面；19×26 公分

（古代歷史文化研究輯刊 十九編；第 32 冊）

ISBN 978-986-485-428-8（精裝）

1. 楷書 2. 唐代

618   107002325

ISBN-978-986-485-428-8

9 789864 854288

古代歷史文化研究輯刊
十九編　第三二冊　　　　　　ISBN：978-986-485-428-8

唐代楷書之二篆系統（上）

作　　者　郭伯佾
主　　編　王明蓀
總 編 輯　杜潔祥
副總編輯　楊嘉樂
編　　輯　許郁翎、王筑　美術編輯　陳逸婷
出　　版　花木蘭文化事業有限公司
發 行 人　高小娟
聯絡地址　235 新北市中和區中安街七二號十三樓
　　　　　電話：02-2923-1455／傳眞：02-2923-1452
網　　址　http://www.huamulan.tw 信箱 hml810518@gmail.com
印　　刷　普羅文化出版廣告事業
初　　版　2018 年 3 月
全書字數　268681 字
定　　價　十九編 39 冊（精裝）台幣 100,000 元　　　版權所有・請勿翻印

唐代楷書之二篆系統（上）

郭伯佾　著

作者簡介

郭伯佾，臺灣省臺南市人，一九五五年生。中國文化大學新聞系學士、藝術研究所碩士、史學研究所博士；主要研究領域為：文字學與書法藝術、中國文化史、臺灣文化史、臺灣原住民文化藝術，以及閩南語與鄉土文化等。現為實踐大學高雄校區博雅學部專任副教授、高雄市旗美區社區大學「書法藝術」課程講師。曾任國立臺灣美術館書法類典藏委員等職。

主要著作有：《新聞標題之研究》、《漢碑隸書的文字構成》、《漢代草書的產生》，並有學術論文：〈標準草書的實用價值〉、〈從文字學的觀點談「帖寫」〉、〈董作賓的甲骨文書法〉、〈漢代簡牘中的疑似字〉、〈行書的起源及其特質〉、〈「草書」借為「糙書」說〉、〈書法作品中的三種符號〉、〈試論書聖王羲之之學古與創新〉、〈現行楷書之二篆淵源〉、〈書法藝術中的文字學〉、〈連杯的文化意義與藝術表現〉、〈臺灣原住民神話與傳說中的百步蛇〉、〈漢代隸書之二篆系統〉、〈排灣族工藝作品中的神話元素之運用——以日生創世之太陽、陶壺、百步蛇為例〉等五十餘篇。

教學、研究之餘，從事書法與陶藝創作，力圖將書法與文字學、思想、文學加以結合，曾舉辦：書法與陶藝個展、師生書法展，並參加由日本與中國大陸舉辦的國際書法展；二件書法作品被河南省宋慶齡基金會收藏。

提　　要

本書探討唐代楷書二篆系統之相關問題。除前言與結論外，另有五章。

「前言」，自唐代楷書之異體字導入字形淵源之二篆系統。

第一章「二篆與二篆系統」，界定「大篆」與「小篆」所指謂之內涵，並提出二篆系統判別之準據，再依此諸準據，舉例說明中國各種書體之二篆系統。

第二章「楷書之產生」，解釋楷書各種名稱之涵義，次舉例說明楷書之書法淵源，再根據傳世書跡，敘述楷書自萌生至定型之歷程。

第三章「楷書在唐代之流行盛況」，根據眾多的楷書書家、大量楷書書跡以及浩繁的楷書書論，呈現楷書在唐代盛行之景況。

第四章「唐代楷書與先前楷書字形系統之比較」，分別自唐代之前專行大篆系統、唐代之前專行小篆系統以及唐代之前兼行二篆系統三方面，根據實例，比較唐代楷書與先前楷書在二篆系統上之差異，顯示唐代楷書中屬於小篆系統之字數有大量增加之趨勢。

第五章「唐代楷書小篆系統激增之原因與影響」，再次確定唐代楷書小篆系統激增之事實，並探討唐代楷書小篆系統激增之時代背景以及促成唐代楷書小篆系統激增之關鍵人物顏真卿，最後再分別從宋元明清與現代兩階段，闡述唐代楷書小篆系統激增對於後世之影響。

「結論」，綜合以上之討論，得出二十項結論，總之，本書主要是從文字構成之角度，將唐代楷書分為大篆系統與小篆系統二種類型；而其中小篆系統之數量，較之魏晉南北朝以及隋代之楷書，有大量增加之現象——此種小篆系統增多的情形，在五代迄今之楷書中，仍然持續進行著。

目

次

下　冊

前　言

　　楷書乃中國現有書體中最晚發展完成的一種；自漢、魏之際形成以後，楷書逐漸取代隸書而成爲中國的主流書體。《宣和書譜》云：

　　　　字法之變，至隸極矣！然猶古焉；至楷法則無古矣。在漢建初，有王次仲者，始以隸字作楷法，所謂楷法者，今之正書是也。人既便之，世遂行焉。

　　　　……西漢之末，隸字石刻間雜爲正書；降及三國，鍾繇者乃有〈賀克捷表〉，備盡法度，爲正書之祖。〔註1〕

王次仲所作之「楷法」是否即宋代當時之「正書」或楷書書體，固有待商榷；〔註2〕然首位以楷書名家的鍾繇，其年代與曹操相彷彿，正當漢、魏之際，則楷書一體形成之年代，應不晚於漢末三國。張懷瓘《書斷・中》載：

　　　　魏鍾繇，字元常，潁川長社人。……眞書絕世，剛柔備焉。點畫之間，多有異趣，可謂幽深無際，古雅有餘，秦漢以來，一人而已。〔註3〕

故阮元〈南北書派論〉云：

　　　　由隸字變爲正書、行、草，其轉移皆在漢末、魏、晉之間。〔註4〕

〔註1〕孫過庭等，《唐人書學論著／宣和書譜》（臺北：世界書局，2011），頁329。

〔註2〕（傳）羊欣《采古來能書人名》云：「上谷王次仲，後漢人，作八分楷法。」見：張彥遠，《法書要錄》（杭州：浙江人民美術出版社，2012），卷一，頁12。然則，王次仲所作者乃「八分楷法」。而所謂「八分楷法」，應爲書寫漢代隸書（一名「八分」）之法度；而非楷書。

〔註3〕張彥遠，《法書要錄》，卷八，頁225。

〔註4〕華正書局，《歷代書法論文選》（臺北，1988），頁587。

又云：

> 竊謂隸字至漢末，如元所藏〈華岳廟碑〉四明本，「物」、「兀」、「之」、「也」等字，全啓眞書門徑。〔註5〕

康有爲《廣藝舟雙楫・本漢第七》則云：

> 眞書之變，其在魏、漢間乎！漢以前無有眞書體，眞書之傳於今日者，有吳之〈葛府君碑〉及元常之〈力命〉〈戎路〉〈宣示〉〈薦季直〉諸帖始，至二王則變化殆盡，以迄於今，遂爲大法，莫或小易。〔註6〕

從中國書法史的發展來觀察，楷書實具有重大意義。日籍學者西川寧云：

> 楷書從根本上體現了書法中的自覺意識。文字點畫上的明確性和合理性，符合了書寫上技能性的要求。正是這個原因，故其能作爲實用的標準字體而擁有持久的生命。

> 從書法藝術角度來說，始於5世紀的古典主義審美觀的自覺就是以楷書體爲標準的。後世著稱的北派書法在魏、齊時代奪目的發展是以楷書爲主要舞臺的，隋、唐間形成的書法巓峰也是以楷書爲基礎的。從這方面講，楷書意義重大。〔註7〕

唐人藉由法度森嚴的楷書與激情揮灑的狂草，創造了中國書法史上的一段輝煌時期。一瓢《〈唐王洪範碑〉簡介》云：

> 唐代在我國書法史上非常富有特色的時代，一方面楷書經過六朝的演變，發展至唐代已臻達成熟和完美的境地，矩矱森嚴的楷法體現出唐人的高度理性，可以說唐代是我國楷書的鼎盛時期。另一方面草書在唐代繼漢晉之遺風，亦得到長足的發展，以旭、素爲代表的狂草，解衣盤礴式的創作激情又顯示出唐人高度的浪漫主義色彩。理性的楷法與感性的草書交相輝映，構成了一幅幅燦爛耀目的歷史圖卷。〔註8〕

楷書固是唐代最盛行的書體，也是一種最不易學好的書體。張懷瓘〈六體書論〉云：

〔註5〕華正書局，《歷代書法論文選》，頁588。

〔註6〕康有爲著，祝嘉疏證，《廣藝舟雙楫疏證》（臺北：華正書局，1982），頁82～83。

〔註7〕西川寧，〈楷書的形成——據敦煌、樓蘭、土魯番出土文書對4至6世紀書法的解明〉，中國書法院主編，《晉唐書法研究》（北京：榮寶齋出版社，2011），頁394～395。

〔註8〕上海書畫出版社，《唐王洪範碑》（上海，2000），卷首。

隸書者，字皆眞正，曰「眞書」。……夫學草、行，分不一二；天下

老幼，悉習眞書，而罕能至，其最難也。〔註9〕

張懷瓘所謂「隸書」或「眞書」，皆指楷書而言。根據張懷瓘的說法，唐代社
會十之八九的人都在學習楷書，卻少有能達至極妙者；楷書之難寫，可想而
知。歐陽修〈書蔡君謨茶錄後〉亦云：

善爲書者，以眞楷爲難。〔註10〕

而楷書之所以難寫，主要因爲楷書是最晚發展完成的一種書體，兼具先
前篆書、隸書、草書乃至行書之成分，而形成繁複多樣的筆法。衛夫人〈筆
陣圖〉云：

又有六種用筆：結構圓備如篆法，飄颺灑落如章草，凶險可畏如八

分，窈窕出入如飛白，耿介特立如鶴頭，鬱拔縱橫如古隸。〔註11〕

除了筆法繁複的多樣之外，楷書的間架結構亦極講究法度。故蘇軾〈跋陳隱
居書〉云：

書法備於正書。〔註12〕

蘇軾所謂「正書」即楷書。

然而，楷書之眞正難寫，不僅在其「筆法的繁複多樣」以及「間架結構
亦極講究法度」；還在其必須透過多樣的點畫與典正之字形，以展現動人的神
采。蘇軾〈跋王晉卿所藏蓮華經〉云：

眞書難於飄揚。〔註13〕

米芾〈自論書〉云：

眞字須有體勢，乃佳爾。〔註14〕

無論「飄揚」或「體勢」，皆指楷書所不易展現之動人神采。

唐代楷書集魏晉、南北朝和隋代楷書之大成，且創立了新的審美風情，
無疑是楷書一體的巔峰。盧中南云：

〔註9〕 陳思，《書苑菁華》（北京：北京圖書館出版社，2003），卷十二，頁447。
〔註10〕 歐陽修，《歐陽修全集》（臺北：河洛圖書出版社，1975），卷三，頁139。原
　　　　題「跋茶錄」：依孫岳頒等，《佩文齋書畫譜》（臺北：新興書局，1982）引《歐
　　　　陽文忠公集》改。
〔註11〕 張彥遠，《法書要錄》，卷一，頁9。
〔註12〕 蘇軾，《東坡題跋》，卷四，見：楊家駱，《宋人題跋》（臺北：世界書局，1992）
　　　　第三種，頁116。
〔註13〕 蘇軾，《東坡題跋》，卷四，見：楊家駱，《宋人題跋》，頁122。
〔註14〕 米芾，《海岳名言》，楊家駱，《宋元人書學論著》（臺北：世界書局，1972）
　　　　第七種，頁3。

> 唐代楷書，主要指的是初唐以後成熟的楷書。這類楷書取法魏晉、
> 南北朝和隋碑，兼有新的造型，終於走向楷書的巔峰。唐楷的主要
> 特點表現爲：用筆講究，點畫定型，起止頓挫分明，結構勻俛、規
> 整，法度森嚴，程序穩定。〔註15〕

而由於唐代楷書具備「用筆講究，點畫定型，起止頓挫分明，結構勻俛、規
整，法度森嚴，程序穩定」等優點，遂成爲後世學習楷書之典範。直至現今，
楷書仍是漢字當中使用最爲頻繁的一種書體；而今人學習楷書書法，亦往往
自唐代的碑帖入手。

惟當人們在臨寫唐代楷書碑帖的過程中，經常發現：唐代楷書有許多文
字的寫法，與現今的國字標準字體有所不同。例如——

「美」字，下方之「大」或作「火」或「父」或「犬」；

「祕」字，左旁之「示」或作「禾」，或作「衣」；

「督」字，下方之「目」皆作「日」；

「學」字，上段中央之「爻」或作「与」，或作二「又」相疊；

「職」字，左旁之「耳」或作「身」；

「山」字，或缺右豎；

「世」字，或缺中豎；

「旦」字，「日」與「一」間或有一縱向短筆畫相連；

「民」字，或缺末筆；

「虎」字，下一作若「巾」而或缺中豎；

「人」字，或作上「一」下「生」；

「日」字，或外廓作圓形，中象鳥形而作若「乙」；

「地」字，或作「坴」與「埊」；

「年」字，或中段左右作二「万」；

「國」字，或作「圀」；

「井」字，或作「丼」；

「光」字，或作「兊」；

「京」字，或作「亰」；

「宜」字，或作「冝」或「宐」；

「明」字，或作「明」，或作「朙」；

〔註15〕盧中南，《楷書研究》（北京：華文出版社，2014），頁 11。

　　「宮」字，或作「宫」；

　　「惠」字，或作「恵」；

　　「黃」字，或作「黄」；

　　「德」字，或作「徳」；

　　「禮」字，或作「礼」。

諸如此類，爲數甚夥。

　　對於這些與現今的國字標準字體或「字書」寫法不同的唐代楷書，今人或籠統地視爲「帖寫」。〔註16〕唐代顏元孫《干祿字書》則將楷書的異體字分爲「俗、通、正三體」，〔註17〕而以「光」字作「兊」，上段明作「火」之類的字形爲「正體」〔註18〕；以「京」字作「亰」，中段作若「日」之類的字形爲「通體」；〔註19〕而以「學」字上段中央作「与」之類的字形爲「俗體」。〔註20〕

　　如進一步分析，則可發現：這些與現今的國字標準字體不同的唐代楷書異體字，少部分是由於筆畫訛變、避諱或武則天新造諸因素所造成；其餘的絕大部分則是由於字形淵源不同而產生者。分別舉例說明如下——

一、由於筆畫訛變而造成之異體字，例如——

（一）「美」字

　　唐代楷書中褚遂良〈伊闕佛龕碑〉等作「美」，〔註21〕與現行國字標準字體相同，〔註22〕其下方作「大」；歐陽詢〈九成宮醴泉銘〉等作「美」，〔註23〕其下方若「火」；張旭〈郎官石記〉等作「美」，〔註24〕其下方若「父」；顏

〔註16〕王壯爲，《書法叢談》（臺北：國立編譯館，1982），頁20。

〔註17〕施安昌編，《顏眞卿書干祿字書》（北京：紫禁城出版社，1990），頁8。

〔註18〕施安昌編，《顏眞卿書干祿字書》，頁30。

〔註19〕施安昌編，《顏眞卿書干祿字書》，頁31。

〔註20〕施安昌編，《顏眞卿書干祿字書》，頁58。

〔註21〕二玄社，《唐褚遂良伊闕佛龕碑》（東京，1978），頁44；二玄社，《唐歐陽通道因法師碑》（東京，1978），頁19；二玄社，《唐顏眞卿顏勤禮碑》（東京，1989），頁96。

〔註22〕教育部，《常用國字標準字體表》（臺北：正中書局，1982），頁161。

〔註23〕二玄社，《唐歐陽詢九成宮醴泉銘》（東京，1984），頁32；二玄社，《唐歐陽詢皇甫誕碑》（東京，1982），頁10、30；二玄社，《唐歐陽通道因法師碑／泉男生墓誌銘》（東京，2006），頁61。

〔註24〕二玄社，《唐張旭古詩四帖／郎官石記／肚痛帖》（東京，1979），頁40、43；

眞卿〈元次山碑〉一作「美」，〔註25〕其下方若「犬」。〈補《干祿字書》表〉收下段作「火」、作「犬」者爲「美」之訛字。〔註26〕

按：「美」字，甲骨文作「美」、「美」、「美」……等形，〔註27〕從大（象人正面站立之形）、從儀之初文（象羽飾形），〔註28〕會意；故「美」字之本義當爲「妝扮」，動詞，現今之「美容院」一名，即用「美」字本義。金文作「美」〔註29〕或「美」，〔註30〕與甲骨文第三形一般，其上方之羽飾已訛若羊角。《說文解字》云：

美，甘也，從羊、大：羊在六畜主給膳也，「美」與「善」同意。

〔註31〕

《說文解字》謂「美」「從羊」，實爲從「儀之初文」之訛變；其下從「大」則無誤。

故唐代楷書「美」字，其下段從「大」者，實爲正字；若下段作「火」、作「父」、作「犬」者，皆屬訛變。而「美」字下段所從之「大」訛作「火」者，如：東漢〈楊震碑〉、〈孟琁碑〉、〈史晨碑〉、〈夏承碑〉、〈西狹頌〉、〈韓仁銘〉、〈曹全碑〉之隸書已皆如此。〔註32〕若訛作「父」者，最早見於張旭〈郎官石記〉；而訛作「犬」者，則未見早於顏眞卿〈元次山碑〉之例。

張旭，〈嚴仁墓誌銘〉，第5行第1字、第11行第17字、第19行第7字，見：樊有升、李獻奇〈洛陽新出土張旭楷書《嚴仁墓誌》〉，《書法叢刊》（北京：文物出版社），1992年第4期，第13至23頁。

〔註25〕上海書畫出版社，《顏眞卿書元次山碑》（上海，2001），頁68、76。

〔註26〕施安昌編，《顏眞卿書干祿字書》，頁80。

〔註27〕藝文印書館，《校正甲骨文編》（臺北，1974），卷四‧一四。或別釋作二字，見：李宗焜，《甲骨文字編》（北京：中華書局，2012），上冊，頁66。

〔註28〕《易‧漸‧上九》：「鴻漸于陸，其羽可用爲儀，吉。」是儀爲羽飾之證。見：王弼、韓康伯注、孔穎達等正義，《周易正義》，卷五，頁118，《十三經注疏》第一冊（臺北：藝文印書館，1976）。

〔註29〕容庚，《金文編／金文續編》（臺北：洪氏出版社，1974），第四‧一三，頁239。

〔註30〕古文字詁林編纂委員會，《古文字詁林》（上海：上海教育出版社，2004），第四冊，頁183。

〔註31〕丁福保，《說文解字詁林》（臺北：鼎文書局，1983），第四冊，頁335。

〔註32〕李靜，《隸書字典》（杭州：西泠印社出版社，2013），頁420。

（二）「祕」字

唐代楷書中歐陽詢〈九成宮醴泉銘〉等作「祕」，〔註33〕與現行國字標準字體相同；〔註34〕歐陽詢〈溫彥博碑〉等作「秘」，〔註35〕左旁從「禾」；柳公權〈玄祕塔碑〉作「祕」，〔註36〕左旁從「衣」。唐・顏元孫《干祿字書》以「祕」爲正體，而以「秘」爲俗體。〔註37〕

按：「祕」字，甲骨文、金文缺。《說文解字》云：

祕，神也，從示、必聲。〔註38〕

根據《說文解字》，「祕」爲形聲字，其形符「示」表示「祕」字本義與神靈有關。

故唐代楷書「祕」字，其左旁從「示」作「祕」者，實爲正字；若左旁作「禾」或「衣」者，皆屬訛變。〔註39〕而「祕」字左旁所從之「示」訛作「禾」者，北魏〈高貞碑〉已如此；〔註40〕〈鄭羲下碑〉或從「示」，亦有從「禾」作者。〔註41〕若訛作「衣」者，則未見有早於柳公權〈玄祕塔碑〉之例。

（三）「督」字

唐代楷書中未見與現行國字標準字體相同而作「督」者；〔註42〕而褚遂

〔註33〕二玄社，《唐歐陽詢九成宮醴泉銘》，頁 6；二玄社，《唐褚遂良孟法師碑》（東京，1982），頁 9；二玄社，《唐歐陽通道因法師碑》，頁 8、39、40；顏眞卿《郭虛己墓誌銘》（天津：人民美術出版社，2011），頁 90；二玄社，《唐顏眞卿多寶塔碑》（東京，1982），頁 44；二玄社，《唐顏眞卿顏勤禮碑》，頁 5、20、22、26、32～2、51；二玄社，《唐顏眞卿顏氏家廟碑》（東京，1982），上冊，頁 7、58；下冊，頁 3、60、75、87；二玄社，《唐柳公權玄祕塔碑》（東京，1981），頁 8。

〔註34〕教育部，《常用國字標準字體表》，頁 145。「祕」字下「說明」：「或作秘。」

〔註35〕二玄社，《唐歐陽詢化度寺碑／溫彥博碑》（東京，1984），頁 49；二玄社，《唐歐陽詢皇甫誕碑》，頁 39；二玄社，《唐顏師古等慈寺碑》（東京，1981），頁 22、84；二玄社，《唐歐陽通道因法師碑／泉男生墓誌銘》，頁 61、62；二玄社，《唐柳公權玄祕塔碑》，頁 5、28。

〔註36〕二玄社，《唐柳公權玄祕塔碑》，頁 41。

〔註37〕施安昌編，《顏眞卿書干祿字書》，頁 46。

〔註38〕丁福保，《說文解字詁林》，第二冊，頁 90。

〔註39〕〈補《干祿字書》表〉收「秘」爲「祕」之訛字，見：施安昌編，《顏眞卿書干祿字書》，頁 83。

〔註40〕二玄社，《北魏高貞碑》（東京，1990），頁 21。

〔註41〕二玄社，《北魏鄭道昭鄭羲下碑》（東京，1990），頁 8、53、59 從「示」；頁 71 從「禾」。

〔註42〕教育部，《常用國字標準字體表》，頁 140。

良〈伊闕佛龕碑〉等作「督」，〔註43〕其下方皆从「日」。

　　按：「督」字，甲骨文作「督」，〔註44〕其下从「亘」。本義當為「旦朙也」，蓋即「睹」字初文。〔註45〕金文缺。《說文解字》云：

　　督，察也，从目、叔聲。一曰：目痛也。〔註46〕

《說文解字》「从目」之「督」當係督察之專字。惟漢代璽印與石刻上之篆、隸「督」字皆从「日」。〔註47〕南北朝楷書，「督」字或从「目」，如：〈元纂墓誌〉、〈元壽安墓誌〉、〈元暉墓誌〉等是；其餘如：〈皇甫麟墓誌〉、〈崔敬邕墓誌〉、〈刁遵墓誌〉……等，仍皆从「日」。〔註48〕

　　故唐代楷書「督」字，其下方从「日」者，與从「目」之「督」應為不同之二字，蓋皆為正字。《廣韻》以「督」字之从日者為「俗作」，〔註49〕恐非。〔註50〕

（四）「學」字

　　唐代楷書中虞世南〈孔子廟堂碑〉等作「學」，〔註51〕上段中央與現行

〔註43〕二玄社，《唐褚遂良伊闕佛龕碑》，頁51；二玄社，《唐褚遂良房玄齡碑》（東京，1984），頁4、8；二玄社，《唐歐陽通泉男生墓誌銘》，頁46、56、62；顏眞卿，《郭虛己墓誌銘》，頁10、26；二玄社，《唐顏眞卿顏勤禮碑》，頁5、40；上海書畫出版社，《顏眞卿書元次山碑》，頁1、51。

〔註44〕于省吾，〈論俗書每合於古文〉，古文字詁林編纂委員會，《古文字詁林》，第三冊，頁825引。

〔註45〕《說文解字》：「睹，旦朙也，从日、者聲。」見：丁福保，《說文解字詁林》，第六冊，頁16。

〔註46〕丁福保，《說文解字詁林》，第四冊，頁82。

〔註47〕古文字詁林編纂委員會，《古文字詁林》，第3冊，頁824。

〔註48〕鄭聰明，《北魏隋墓誌銘字典》（臺北：蕙風堂筆墨公司出版部，2000），頁597～598。

〔註49〕余迺永，《互註校正宋本廣韻》（臺北：聯貫出版社，1974），頁460。

〔註50〕〈補《干祿字書》表〉收从日之「督」字為符合《石經》者，見：施安昌編，《顏眞卿書干祿字書》，頁81。

〔註51〕二玄社，《唐虞世南孔子廟堂碑》（東京，1996），頁22、29、30、33；二玄社，《唐歐陽通道因法師碑》，頁20、31、42；顏眞卿，《畫贊碑》（臺北：藝術圖書公司，1975），頁33；二玄社，《唐顏眞卿顏勤禮碑》，頁21、29-3、30、31、33、34、47、61、87-2、92、93；上海書畫出版社，《顏眞卿元次山碑》，頁17；二玄社，《唐顏眞顏氏家廟碑》，上冊，頁11、25、44、47、53、55、59、65、93；下冊，頁5、22、56、63-2、65、71、75。

國字標準字體相同；〔註52〕歐陽詢〈九成宮醴泉銘〉等作「學」，〔註53〕上中作「与」；張旭〈嚴仁墓誌銘〉作「學」，〔註54〕上中作二「又」相疊。

　　按：「學」字，甲骨文作「爻」、「𦥑」、「𦥑」、「𦥑」、「𦥑」……等形，〔註55〕初蓋假「爻」為之；後始加左右雙手，而「爻」轉為聲符。〔註56〕第二形以下則「爻」已產生訛變。〔註57〕金文作「學」、「學」、「學」……等形，〔註58〕其中第一形、第二形不從攴，而第二形之「爻」已訛變；第三形從攴，與《說文解字》之大篆同。《說文解字》云：

　　　　學，覺悟也，從教、冂，冂，尚矇也；臼聲。　學，篆文斆省。

〔註59〕

《說文解字》據訛變之字形而說解，不可從。

　　故唐代楷書「學」字均不從攴，其上中從「爻」作「學」者，實為正字；若上中作「与」或二「又」相疊者，皆屬訛變。而「學」字上中所從之「爻」訛作「与」者，〈樊敏碑〉已差似；〔註60〕東漢北魏之墓誌銘則多如此；〔註61〕若訛作二「又」相疊者，則未見早於張旭〈嚴仁墓誌銘〉之例。

〔註52〕教育部，《常用國字標準字體表》，頁51。
〔註53〕二玄社，《唐歐陽詢九成宮醴泉銘》，頁31；二玄社，《唐褚遂良房玄齡碑》，頁3、11；二玄社，《唐褚遂良雁塔聖教序》（東京，1984），頁16；張旭〈嚴仁墓誌銘〉，第7行第1字。
〔註54〕張旭，〈嚴仁墓誌銘〉，第5行第18字。
〔註55〕李宗焜，《甲骨文字編》，中冊，頁786～787。
〔註56〕「爻」與「學」並屬喉音匣紐；見：陳新雄，《聲類新編》（臺北：臺灣學生書局，1985），卷一，頁48、56。唯「爻」屬肴韻，古音在第二部；「學」屬覺韻，古音在第三部，《詩經》及周秦文字分用畫然」。見：許慎著、段玉裁注，《說文解字注》（臺北：洪葉文化公司，1999），頁819。然殷墟甲骨文既假「爻」為「學」，則「爻」與「學」顯然押韻，故「爻」得為「學」字之聲符。
〔註57〕李孝定謂「學」字「從冂，實為𦥑字增多兩直畫」。見：李孝定，《金文詁林讀後記》（臺北：中央研究院歷史語言研究所，1982），卷三，頁110。
〔註58〕容庚，《金文編／續金文編》，第三・三八，頁207。
〔註59〕丁福保，《說文解字詁林》，第三冊，頁1288。
〔註60〕李靜，《隸書字典》，頁163。
〔註61〕鄭聰明，《北魏隋墓誌銘字典》，頁259～260。

（五）「職」字

唐代楷書中顏真卿〈顏氏家廟碑〉作「**職**」，[註62]左旁從「耳」，與現行國字標準字體相同；[註63]虞世南〈孔子廟堂碑〉等作「**職**」，[註64]左旁作「身」。〈補《干祿字書》表〉收「**職**」字之從「身」者爲「訛字」。[註65]

按：「職」字，甲骨文缺；金文作「**聲**」或「**聲**」，[註66]前者從首、戠聲；後者從耳、戠聲。《說文解字》云：

> **職**，記微也，從耳、戠聲。[註67]

故唐代楷書「職」字，其左旁從「耳」作「職」者，實爲正字；若左旁作「身」，則屬訛變。而「職」字左旁所從之「耳」訛作「身」者，東漢〈西狹頌〉、〈曹全碑〉與〈張遷碑〉等之隸書皆如此。[註68]

二、由於避諱而造成之異體字，例如——

（一）「山」字

唐代楷書中虞世南〈孔子廟堂碑〉等作「**山**」，[註69]與現行國字標準字體相同；而陸柬之〈文賦〉則作「**山**」，[註70]缺末豎。

〔註62〕二玄社，《唐顏眞顏氏家廟碑》，上冊，頁59。

〔註63〕教育部，《常用國字標準字體表》，頁164。

〔註64〕二玄社，《唐虞世南孔子廟堂碑》，頁17；二玄社，《唐歐陽詢九成宮醴泉銘》，頁31；二玄社，《唐歐陽詢皇甫誕碑》，頁26、27；二玄社，《唐歐陽通泉男生墓誌銘》，頁47；二玄社，《唐顏眞卿顏勤禮碑》，頁21。

〔註65〕施安昌編，《顏眞卿書干祿字書》，頁84。

〔註66〕容庚，《金文編／續金文編》，第十二‧五，頁636。

〔註67〕丁福保，《說文解字詁林》，第九冊，頁1090。

〔註68〕李靜，《隸書字典》，頁414。

〔註69〕二玄社，《唐虞世南孔子廟堂碑》，頁29；二玄社，《唐昭仁寺碑》（東京，1983），頁15、33、36、52、62、69、71、73；二玄社，《唐歐陽詢九成宮醴泉銘》，頁7、9；二玄社，《唐褚遂良孟法師碑》頁27；二玄社，《唐褚遂良雁塔聖教序》，頁23、45；二玄社，《唐薛曜夏日遊石淙詩》（東京，1982），頁7、10、21、28、32、48、49、68、90、91、98；顏眞卿，《畫贊碑》，頁130；二玄社，《唐顏眞卿顏勤禮碑》，頁57、58；顏眞卿，《大唐中興頌》（南寧：廣西美術出版社，2010），頁143；二玄社，《唐顏眞卿麻姑山仙壇記》（東京，1980），頁3、6、40、52、56、61；上海書畫出版社，《顏眞卿元次山碑》，頁7、8、11、12、31、61、69、78；二玄社，《唐顏眞顏氏家廟碑》，下冊，頁13。

〔註70〕二玄社，《唐陸柬之文賦／蘭亭詩》（東京，1980），頁25。

　　按：「山」字，甲骨文作「」、「」、「」、「」、「」、「」……等形，〔註71〕大多象峰巒三起之形；第六形則僅作二起，而與「丘」字混同。金文作「」、「」、「」、「」、「」、「」、「」……等形，〔註72〕第一形象峰巒五起之形；餘皆象三起形，而第七形則爲小篆「山」字所本。〔註73〕《說文解字》云：

　　，宣也，宣气散生萬物，有石而高，象形。〔註74〕

　　故唐代楷書「山」字，〈孔子廟堂碑〉等各碑之寫法源自小篆；而陸柬之〈文賦〉之寫法，則爲了避其父「山才」之名諱而缺筆。〔註75〕

（二）「世」字

　　唐代楷書中歐陽詢〈化度寺碑〉等作「世」，〔註76〕與現行國字標準字體相同；〔註77〕褚遂良〈雁塔聖教序〉等作「世」。〔註78〕而顏眞卿〈顏氏家廟碑〉作「世」，〔註79〕缺中央豎畫。

　　按：「世」字，甲骨文缺；金文作「」、「」、「」……等形，〔註80〕象枝葉之形，爲「葉」字初文。其後借爲世代字，乃另造「枼」、「葉」二字。

〔註71〕李宗焜，《甲骨文字編》，中冊，頁442～443。
〔註72〕容庚，《金文編／續金文編》，第九・一三，頁562。
〔註73〕第五形出自〈中山王器〉，見：曹寅蓬，《中國書法字典──金文編》（濟南：山東美術出版社，2013），頁149。乃容庚，《金文編》所未收者。
〔註74〕丁福保，《說文解字詁林》，第八冊，頁1。
〔註75〕松井如流說，見：二玄社，《唐陸柬之文賦／蘭亭詩》，頁67。
〔註76〕二玄社，《唐歐陽詢化度寺碑》，頁9；二玄社，《唐歐陽詢溫彥博碑》，頁33；二玄社，《唐褚遂良雁塔聖教序》，頁49；顏眞卿，《畫贊碑》，頁63；二玄社，《唐顏眞卿顏勤禮碑》，頁73；上海書畫出版社，《顏眞卿元次山碑》，頁20、62；大眾書局，《柳公權書金剛經》，頁2、4（2）、6、11（2）、12、14、22、24、25、26、28（3）、29（2）、31（2）、33、35、36（2）、37、39、40、41（2）、42（4）、44、45、46（2）、52、56、62、63（3）、64、68、71、74、77、80、81（2）、82（2）、83（2）、84、85、86、87、88、90、93、98、99、102、103、105（2）、106、107（4）、109（2）、111、114。
〔註77〕教育部，《常用國字標準字體表》，頁1。
〔註78〕二玄社，《唐褚遂良雁塔聖教序》，頁14；顏眞卿，《畫贊碑》，頁17、20、21、50。
〔註79〕二玄社，《唐顏眞卿顏氏家廟碑》，下冊，頁34。
〔註80〕容庚，《金文編／續金文編》，第三・四，頁139～140。

秦〈繹山刻石〉作「世」。〔註81〕《說文解字》云：

世，三十年爲一世，从卅而曳長之，亦取其聲。〔註82〕

蓋遷就小篆字形與假借義而說解。

故唐代楷書「世」字，〈化度寺碑〉等碑之寫法，實源自〈繹山刻石〉與《說文解字》小篆；〈雁塔聖教序〉等碑之寫法，乃源自金文大篆。若〈顏氏家廟碑〉之寫法，則爲避唐太宗之名諱而缺中豎，屬於「缺筆避諱」。〔註83〕

「世」字之外，若干从「世」或部分似「世」之文字，亦有缺筆避諱之情形，如：「泄」〔註84〕、「葉」〔註85〕二字是。

此外，若干从「世」或部件訛作「世」之文字，唐代楷書或將其中之「世」改作「云」，如：「堞」〔註86〕、「牒」〔註87〕、「葉」〔註88〕、「溝」〔註89〕、「構」〔註90〕、「遘」、「講」、「購」……等字是。

（三）「旦」字

唐代楷書中虞世南〈孔子廟堂碑〉等，作「旦」，〔註91〕「日」與「一」間有一縱向短筆畫相連。褚遂良〈伊闕佛龕記〉等作「旦」，〔註92〕「日」

〔註81〕杜浩等編，《嶧山碑》（合肥：安徽美術出版社，2014），頁2、13、17。

〔註82〕丁福保，《說文解字詁林》，第三冊，頁464。

〔註83〕陳垣，《史諱舉例》（臺北：文史哲出版社，1987），頁5。

〔註84〕李伍強、李國強，《唐人小楷精選》（南昌：江西美術出版社，2012），頁39。

〔註85〕二玄社，《唐陸柬之文賦／蘭亭詩》，頁13、16。

〔註86〕二玄社，《唐歐陽通泉男生墓誌銘》，頁57。

〔註87〕二玄社，《唐歐陽通道因法師碑》，頁13、23。

〔註88〕二玄社，《唐薛曜夏日遊石淙詩》，頁12、99；二玄社，《唐柳公權左神策軍紀聖德碑》（東京，1980），頁10。劉昫，《舊唐書》（臺北：鼎文書局，1981），卷四，頁77。王鳴盛《十七史商榷》謂「必是以……葉字之中世字犯諱，故……改世从冊」；見：楊家駱編，《王鳴盛讀書筆記十七種》（臺北：鼎文書局，1979），卷七十，頁745。惟據薛曜〈夏日遊石淙詩〉等碑之「葉」字，當是改「葉」字中段之「世」爲「云」。

〔註89〕伏見冲敬，《書法大字典》（北京：華夏出版社，2004）頁1170引〈唐楚金禪師碑〉。

〔註90〕伏見冲敬，《書法大字典》頁1324引〈李廣業碑〉。

〔註91〕二玄社，《虞世南孔子廟堂碑》，頁3、11；二玄社，《唐歐陽詢皇甫誕碑》，頁25；二玄社，《唐顏師古等慈寺碑》，頁63；二玄社，《唐褚遂良房玄齡碑》，頁12；二玄社，《唐歐陽通道因法師碑》，頁61；二玄社，《唐薛曜夏日遊石淙詩》，頁31、101；二玄社，《唐柳公權玄祕塔碑》，頁51。

〔註92〕二玄社，《虞世南孔子廟堂碑》，頁35；二玄社，《唐褚遂良伊闕佛龕碑》，頁34、79；二玄社，《唐褚遂良孟法師碑》頁6。

與「一」間無筆畫相連，與現行國字標準字體相同。若鍾紹京〈靈飛經〉則作「旦」，〔註93〕，「日」作若「口」，與「一」間無筆畫相連。

　　按：「旦」字，甲骨文作「𣊟」、「𣊟」、「𣊟」、「𣊟」……等形，〔註94〕蓋從日而與地平線相連；爲便於契刻，乃將「日」作四方形，或但作方塊，「日」下方地平線或作方塊，或訛作「日」。金文作「𣊟」、「𣊟」、「𣊟」、「𣊟」……等形，容庚謂：「象日初出，未离於土。」〔註95〕唯第一形之「日」但作圓圈，第三形之「日」與地平線分離；第四形則日」尚在地平線之下。《說文解字》云：

　　　　旦，明也，從日見一上；一，地也。〔註96〕

故唐代楷書「旦」字，〈孔子廟堂碑〉等之寫法，源自大篆；〈伊闕佛龕記〉等之寫法，源自小篆；若〈靈飛經〉之寫法則因避唐睿宗之名諱而缺「日」字中畫，屬於「缺筆避諱」。

　　「旦」字之外，若干從「旦」或部分似「旦」之文字，亦有缺筆避諱之情形，如：「但」「景」〔註97〕、「量」〔註98〕、「影」〔註99〕、「暨」〔註100〕……等字是。

（四）「民」字

　　唐代楷書中，顏眞卿〈麻姑山仙壇記〉作「民」，〔註101〕與現行楷書相同；歐陽詢〈皇甫誕碑〉等作「民」而右旁加點；〔註102〕顏眞卿〈畫贊碑〉

〔註93〕 李伍強、李國強，《唐人小楷精選》，頁 16、18、19、20、22、23、27、28、29、30、31。

〔註94〕 李宗焜，《甲骨文字編》，中冊，頁 411。

〔註95〕 容庚，《金文編／續金文編》，第七・二，頁 396。

〔註96〕 丁福保，《說文解字詁林》，第六冊，頁 123。

〔註97〕 李伍強、李國強，《唐人小楷精選》，頁 17、18、20：2、22、23、24：2、27、28、29、31、32，「日」作「口」，下作「京」。二玄社，《唐顏眞卿多寶塔碑》，頁 23，「日」作「口」，下作「京」。

〔註98〕 顏眞卿，《郭虛己墓誌銘》，頁 15，「日」作若「口」。

〔註99〕 顏眞卿，《王琳墓誌銘》（北京：文物出版社，2005），頁 19：二玄社，《唐顏眞卿多寶塔碑》，頁 3）「日」作「口」，下作「京」。

〔註100〕 顏眞卿《王琳墓誌銘》，頁 11，「旦」上作若「口」。

〔註101〕 二玄社，《唐顏眞卿麻姑山仙壇記》，頁 12。

〔註102〕 二玄社，《歐陽詢皇甫誕碑》，頁 29-2；二玄社，《唐諸遂良孟法師碑》頁 21。

作「![民]」，〔註103〕而缺末筆。

　　按：「民」字，甲骨文作「![民]」或「![民]」，〔註104〕「高鴻縉謂民即盲字，……郭沫若謂字作一左目形而有刃物以刺之」。〔註105〕金文作「![民]」、「![民]」、「![民]」、「![民]」……等形，〔註106〕與甲骨文略同。《說文解字》云：

　　　　![民]，眾萌也，从古文之象。〔註107〕

　　故唐代楷書「民」字，〈麻姑山仙壇記〉之寫法，固源自小篆，〈皇甫誕碑〉等唯於右旁加點；若〈東方朔畫贊碑〉之寫法，則因避唐太宗之名諱而缺末畫，屬於「缺筆避諱」。

　　「民」字之外，若干从「民」之文字，亦有缺筆避諱之情形，如：「泯」〔註108〕等字是。

　　此外，若干从「民」之文字，唐代楷書或將其中之「民」改作「氏」，如：「昏」〔註109〕、「崏」〔註110〕……等字是。

（五）「虎」字

　　唐代楷書中，顏元孫《干祿字書》之正體字作「![虎]」，與現行國字標準字體相同；《干祿字書》之通體字作「![虎]」，上「虍」而下若「巾」。〔註111〕而陸柬之〈文賦〉作「![虎]」，〔註112〕缺左撇；鍾紹京〈靈飛經〉作「![虎]」，〔註113〕上作「虍」，下若「巾」而缺中豎。

〔註103〕顏真卿，《畫贊碑》，頁76。
〔註104〕李宗焜，《甲骨文字編》，上冊，頁189。
〔註105〕周法高等，《金文詁林》（香港：香港中文大學，1975），卷十二，頁6881～6882。
〔註106〕容庚，《金文編／續金文編》，第十二・二二，頁669。
〔註107〕丁福保，《說文解字詁林》，第十冊，頁254。
〔註108〕李伍強、李國強，《唐人小楷精選》，頁25。
〔註109〕二玄社，《唐歐陽通道因法師碑》，頁25、39、58、61。
〔註110〕二玄社，《唐歐陽通道因法師碑》，頁34、61。
〔註111〕施安昌編，《顏真卿書干祿字書》，頁37。
〔註112〕二玄社，《唐陸柬之文賦／蘭亭詩》，頁16。
〔註113〕李伍強、李國強，《唐人小楷精選》，頁24、25、26、27、28、31、32。

按：「虎」字，甲骨文作「（圖）」、「（圖）」、「（圖）」、「（圖）」、「（圖）」、「（圖）」……

等形，〔註114〕皆象老虎之形，第六形之下段則似「儿」；〔註115〕金文作

「（圖）」、「（圖）」、「（圖）」、「（圖）」、「（圖）」……等形，〔註116〕亦皆象老虎之形，

第五形之下段則似「儿」。《說文解字》云：

> （圖），山獸之君，从虍，虎足象人足，象形。……（圖），古文虎。（圖），
>
> 亦古文虎。〔註117〕

唐代楷書「虎」字，《干祿字書》之正體字源自《說文解字》小篆；若〈文賦〉或〈靈飛經〉之寫法，其實是爲了避唐高祖之祖「李虎」之名諱，而故作缺筆。〔註118〕

三、由於武則天改製而造成之異體字

（一）「人」字

唐代楷書中虞世南〈孔子廟堂碑〉等作「人」，〔註119〕與現行國字標準字體相同；而薛曜〈夏日遊石淙詩〉則作「（圖）」，〔註120〕上「一」下「生」。

按：「人」字，甲骨文作「（圖）」、「（圖）」、「（圖）」、「（圖）」、「（圖）」……等形，

〔註121〕象人側立之形，或左向，或右向。金文作「（圖）」、「（圖）」、「（圖）」、「（圖）」、

〔註114〕李宗焜，《甲骨文字編》，中冊，頁593～597。

〔註115〕李宗焜《甲骨文字編》中冊，頁597將第六形釋作上「虍」下「人」。

〔註116〕容庚，《金文編／續金文編》，第五・一八，頁299。

〔註117〕丁福保，《說文解字詁林》，第四冊，頁1362。

〔註118〕唐高祖李淵「皇祖諱虎」，見：劉昫，《舊唐書》（臺北：鼎文書局，1981），卷一，頁1。陳垣，《史諱舉例》頁147謂「虎改爲獸，爲武，爲豹，爲彪」，而未提及「虎」字缺筆避諱之例。

〔註119〕二玄社，《虞世南孔子廟堂碑》，頁2、29、35；二玄社，《唐歐陽詢九成宮醴泉銘》，頁14、20、21、27、28、34、40；二玄社，《唐褚遂良雁塔聖教序》，頁14、29、32；二玄社，《唐歐陽通道因法師碑》，頁6、7、9、20、35；二玄社，《唐歐陽通泉男生墓誌銘》，頁48、49、51、52、57、63-2、65-2；顏眞卿，《郭虛己墓誌銘》，頁20、38、65、88、89、113；上海書畫出版社，《顏眞卿元次山碑》，頁15、31、46、47、55、81。

〔註120〕二玄社，《唐薛曜夏日遊石淙詩》，頁49、74、101、103。

〔註121〕李宗焜，《甲骨文字編》，上冊，頁1～2。

「ⴈ」……等形，〔註122〕亦皆象人側立之形，唯皆左向。《說文解字》云：

ⴈ，天地之性最貴者也，此籀文，象臂、脛之形。〔註123〕

故唐代楷書「人」字，〈孔子廟堂碑〉等之寫法源自甲骨文等，而末筆隸化；若〈夏日遊石淙詩〉之寫法，則爲武則天所創製之新字。

（二）「日」字

唐代楷書中虞世南〈孔子廟堂碑〉等作「日」，〔註124〕與現行國字標準字體相同；〔註125〕而薛曜〈夏日遊石淙詩〉「乙」，外廓作圓形，中象鳥形，若「乙」。〔註126〕

按：「日」字，甲骨文作「⊙」、「⊙」、「⊘」、「⊘」、「⊘」、「□」、「□」，〔註127〕金文作「●」、「○」、「⊙」、「□」……等形，〔註128〕第一形作實心圓，象太陽之形，蓋爲「日」字初文；第二形但畫太陽之匡廓；第三形在圓圈中加點；第四形則圓圈變方，而中央之點變爲短橫。《說文解字》云：

日，實也，大昜之精不虧，从○、一象形。……日，古文象形。

〔註129〕

故唐代楷書「日」字，〈孔子廟堂碑〉等之寫法，源自甲骨文第三形與金文第四形；若〈夏日遊石淙詩〉之寫法，則爲武則天所創製之新字之一，而

〔註122〕容庚，《金文編／續金文編》，第八・一，頁473～474。

〔註123〕丁福保，《說文解字詁林》，第七冊，頁1。

〔註124〕二玄社，《虞世南孔子廟堂碑》，頁8、12、19、23、24、26、35；二玄社，《唐歐陽詢化度寺碑》，頁13、19；二玄社，《唐歐陽詢九成宮醴泉銘》，頁9、22、37、38；二玄社，《唐歐陽詢皇甫誕碑》，頁47；二玄社，《唐褚遂良伊闕佛龕碑》，頁30、73、94；二玄社，《唐褚遂良孟法師碑》，頁17、24；二玄社，《唐褚遂良雁塔聖教序》，頁34、41、52、57；顏眞卿，《郭虛己墓誌銘》，頁7、17、77；二玄社，《唐顏眞卿多寶塔碑》，頁20、21、22、24、52；二玄社，《唐顏眞卿顏勤禮碑》，頁8、90；顏眞卿，《大唐中興頌》，頁143；二玄社，《唐顏眞卿麻姑山仙壇記》，頁7、8、30；上海書畫出版社，《顏眞卿書元次山碑》，頁34；二玄社，《唐顏眞卿顏氏家廟碑》，上冊，頁41；下冊，頁48、65；大眾書局，《柳公權書金剛經》，頁57、58（2）、114；二玄社，《唐柳公權玄祕塔碑》，頁33、35、39（2）、52；二玄社，《唐柳公權左神策軍紀聖德碑》，頁20。

〔註125〕教育部，《常用國字標準字體表》，頁89。

〔註126〕二玄社，《唐薛曜夏日遊石淙詩》，頁23、38、49、64、67、74、80。

〔註127〕李宗焜，《甲骨文字編》，中冊，頁408。

〔註128〕容庚，《金文編／續金文編》，第七・一，頁393。

〔註129〕丁福保，《說文解字詁林》，第六冊，頁1。

實源自《說文解字》書中之古文。

（三）「地」字

唐代楷書中虞世南〈孔子廟堂碑〉等作「地」，〔註130〕與現行國字標準字體相同；而薛曜〈夏日遊石淙詩〉則作「埊」〔註131〕或「坔」。〔註132〕

按：「地」字，甲骨文、金文缺。《說文解字》云：

坤，元气初分，輕清陽爲天，重濁陰爲地，萬物所陳列也，从土、也聲。

墬，籀文地从𨸏、土、彖聲。〔註133〕

故唐代楷書「地」字，〈孔子廟堂碑〉等之寫法，源自小篆，若〈夏日遊石淙詩〉之寫法，則爲武則天所創製之新字。

（四）「年」字

唐代楷書中，歐陽詢〈化度寺碑〉等作「年」，〔註134〕與現行國字標準字體相同；〔註135〕虞世南〈孔子廟堂碑〉等作「秊」；〔註136〕薛曜〈夏日

〔註130〕二玄社，《虞世南孔子廟堂碑》，頁16；二玄社，《唐歐陽詢九成宮醴泉銘》，頁9、22、37、38；二玄社，《唐褚遂良孟法師碑》，頁17、24；二玄社，《唐歐陽通道因法師碑》，頁17、18、22、33-3、42；顏眞卿，《大唐中興頌》，頁122；二玄社，《唐柳公權玄祕塔碑》，頁35、39、52。

〔註131〕二玄社，《唐薛曜夏日遊石淙詩》，頁32。

〔註132〕二玄社，《唐薛曜夏日遊石淙詩》，頁32、36、67、78、92。

〔註133〕丁福保，《說文解字詁林》，第十冊，頁1090。

〔註134〕二玄社，《虞世南孔子廟堂碑》，頁6；二玄社，《唐歐陽詢化度寺碑》，頁11、12、18（2）；二玄社，《唐歐陽詢九成宮醴泉銘》，頁7、12、13、28；二玄社，《唐顏師古等慈寺碑》，頁31；二玄社，《唐褚遂良孟法師碑》，頁9、22；二玄社，《唐褚遂良房玄齡碑》，頁31；二玄社，《唐歐陽通泉男生墓誌銘》，頁51（3）、55、56（2）、57、59（2）、63、67；二玄社，《唐張旭郎官石記》，頁37、44、46（2）；張旭，〈嚴仁墓誌銘〉，第14行第8字、第14行第18字；顏眞卿，《郭虛己墓誌銘》，頁94；二玄社，《唐顏眞卿多寶塔碑》，頁11、12、40；顏眞卿，《畫贊碑》，頁104、128；大眾書局，《柳公權書金剛經》，頁114；二玄社，《唐柳公權左神策軍紀聖德碑》，頁23。

〔註135〕教育部，《常用國字標準字體表》，頁60。

〔註136〕二玄社，《虞世南孔子廟堂碑》，頁23；二玄社，《唐歐陽通道因法師碑》，頁14、20、47、52、53；二玄社，《唐顏眞卿顏勤禮碑》，頁23、26、27、28、30、41、43、59；顏眞卿，《大唐中興頌》，頁34、38、46、50、163、165、169；二玄社，《唐顏眞卿麻姑山仙壇記》，頁7、14、20、32、39、49、57、

遊石淙詩〉作「秊」，中段左右改作二「万」﹝註137﹞。顏元孫《干祿字書》以「年」爲通體，而「秊」爲正體。﹝註138﹞

按：「年」字，甲骨文作「秂」、「秊」、「秂」、「秊」……等形，﹝註139﹞皆从禾、人聲，蓋爲「年」字初文。金文作「秊」、「秊」、「秂」、「秊」、「秊」、「秊」……等形，﹝註140﹞前二形从禾、人聲；第三、第四形从禾、千聲，末二形下从人立於土上。秦代〈泰山刻石〉作「秊」，﹝註141﹞《說文解字》云：

<blockquote>秊，穀孰也，从禾、千聲。《春秋傳》曰：「大有年。」﹝註142﹞</blockquote>

故唐代楷書「年」字，〈孔子廟堂碑〉等，直接將金文第三、第四形與小篆之寫法隸化，實爲正字；〈化度寺碑〉等之寫法，筆畫固已小訛；若〈夏日遊石淙詩〉之寫法，則爲武則天所創製之新字。

（五）「國」字

唐代楷書中顏眞卿〈大唐中興頌〉等作「國」，﹝註143﹞與現行國字標準字體相同；﹝註144﹞歐陽詢〈溫彥博碑〉等作「國」，﹝註145﹞或〈昭仁寺碑〉等作「國」，﹝註146﹞前者「或」中之「口」作「厶」；後者「厶」之末筆或下

63：大眾書局，《顏眞卿書元結墓表》，頁17、30、60、69、71、77；二玄社，《唐顏眞顏氏家廟碑》，上冊，頁87、98；下冊，頁90。

﹝註137﹞二玄社，《唐薛曜夏日遊石淙詩》，頁82、100、106。

﹝註138﹞施安昌編，《顏眞卿書干祿字書》，頁25。

﹝註139﹞李宗焜，《甲骨文字編》，中冊，頁521～524。

﹝註140﹞容庚，《金文編／續金文編》，第七・一九，頁429～433。

﹝註141﹞二玄社，《秦泰山刻石／瑯邪臺刻石》（東京，1979），頁5。

﹝註142﹞丁福保，《說文解字詁林》，第六冊，頁459。

﹝註143﹞顏眞卿，《大唐中興頌》，頁29、83、114；二玄社，《唐顏眞顏氏家廟碑》，上冊，頁8、10、20、35、81、94；下冊，頁3、76、79。

﹝註144﹞教育部，《常用國字標準字體表》，頁37。

﹝註145﹞二玄社，《唐歐陽詢化度寺碑／溫彥博碑》，頁48；二玄社，《唐褚遂良房玄齡碑》，頁15、18、27、31、32；二玄社，《唐歐陽通泉男生墓誌銘》，頁49、56、59、61之2；顏眞卿，《郭虛己墓誌銘》，頁74、87、100、107；顏眞卿，《大唐中興頌》，頁27；上海書畫出版社，《顏眞卿元次山碑》，頁5（2）、79；大眾書局，《柳公權書金剛經》，頁2、84。

﹝註146﹞二玄社，《唐昭仁寺碑》，頁43；二玄社，《唐褚遂良房玄齡碑》，頁4；二玄

帶橫畫；而薛曜〈夏日遊石淙詩〉作「⊠」，[註147] 从口、从八方。

　　按：「國」字，甲骨文缺；金文作「⊠」、「⊠」、「⊠」、「⊠」……等形，[註148] 第一形作「或」，蓋爲「國」字初文，[註149] 惟「戈」中若「日」；第二形「戈」中若「亘」；第三形「或」外加半口；第四形則从口、或聲。《說文解字》云：

　　　　⊠，邦也，从口、从或。[註150]

　　故唐代楷書「國」字，〈大唐中興頌〉等之寫法，實爲正字；〈房玄齡碑〉等之寫法，筆畫固已小訛；〈夏日遊石淙詩〉之寫法，爲武則天所創製之新字之一。

四、由於字形淵源不同而造成之異體字，例如──

（一）「井」字

　　唐代楷書中歐陽詢〈九成宮醴泉銘〉等作「井」，[註151] 與現行國字標準字體相同；[註152] 顏眞卿〈麻姑山仙壇記〉作「丼」，[註153] 則較現行楷書多一點。

　　按：「井」字，甲骨文作「井」、「井」、「丼」……等形，[註154] 竊謂：第一形蓋象陷阱支架之形，其本義爲「陷也」，即「阱」字初文；[註155]《易經・井卦・初六》「舊井无禽」，[註156] 即用「井」字本義，謂老舊的陷阱中無捕獲任何禽獸。第二形兩縱向筆畫各往左右彎出；第三形則中央加點，

　　　　社，《唐歐陽通泉男生墓誌銘》，頁 46（2）、48、56（2）、57、61 之 1、65；二玄社，《唐張旭郎官石記》，頁 39；張旭，〈嚴仁墓誌銘〉，第 3 行第 1 字、第 4 行第 10 字；顏眞卿，《畫贊碑》，頁 44。
〔註147〕二玄社，《唐薛曜夏日遊石淙詩》，頁 51、81、108。
〔註148〕容庚，《金文編／續金文編》，第六・一五，頁 370。
〔註149〕毛公鼎「國」字作「或」；此外，从「或」得音之字如：馘或聝，亦讀如「國」。
〔註150〕丁福保，《說文解字詁林》，第五冊，頁 1106。
〔註151〕二玄社，《唐歐陽詢九成宮醴泉銘》，頁 35；二玄社，《唐顏師古等慈寺碑》，頁 68；二玄社，《唐顏眞卿多寶塔碑》，頁 26。
〔註152〕教育部，《常用國字標準字體表》，頁 3。
〔註153〕二玄社，《唐顏眞卿麻姑山仙壇記》，頁 56。
〔註154〕李宗焜，《甲骨文字編》，下冊，頁 1155。
〔註155〕丁福保，《說文解字詁林》，第五冊，頁 17。
〔註156〕王弼、韓康伯注、孔穎達等正義，《周易正義》，卷五，頁 110。

而爲小篆所承襲。金文作「井」、「井」、「井」、「井」……等形，〔註157〕
與甲骨文差似。《說文解字》云：

> 井，八家爲一井，象構韓形，．．罋象也。古者伯益初作井。〔註158〕

故唐代楷書「井」字，〈九成宮醴泉銘〉等之寫法，實源自甲骨文與金文
第一形大篆；若〈麻姑山仙壇記〉之寫法，則源自甲骨文與金文第三形以及
《說文解字》小篆。

（二）「光」字

唐代楷書中虞世南〈孔子廟堂碑〉等作「光」，〔註159〕與現行國字標準
字體相同；〔註160〕顏眞卿〈顏勤禮碑〉等作「尢」；〔註161〕顏元孫《干祿
字書》以「尢」爲通體，而「光」爲正體。〔註162〕

按：「光」字，甲骨文作「光」、「光」、「光」、「光」、「光」……等形，
〔註163〕前三形从火、从卩；第四形从火、从女；〔註164〕第五形从火、从人立
於土上。金文作「光」、「光」、「光」、「光」……等形，〔註165〕第一形、

〔註157〕容庚，《金文編／續金文編》，第五・二四，頁311～312。

〔註158〕丁福保，《說文解字詁林》，第五冊，頁12。

〔註159〕二玄社，《虞世南孔子廟堂碑》，頁12、14、21、34、35；二玄社，《唐歐陽
詢九成宮醴泉銘》，頁28；二玄社，《唐歐陽詢溫彥博碑》，頁39、45；二玄
社，《唐顏師古等慈寺碑》，頁13、67、83；二玄社，《唐褚遂良伊闕佛龕碑》，
頁36、86、89；二玄社，《唐褚遂良房玄齡碑》，頁27；二玄社，《唐歐陽通
泉男生墓誌銘》，頁46、50、59、61、65；二玄社，《唐薛曜夏日遊石淙詩》，
頁21、28、66；二玄社，《唐張旭郎官石記》，頁36；顏眞卿，《郭虛己墓誌
銘》，頁8、71；二玄社，《唐顏眞卿顏勤禮碑》，頁90；上海書畫出版社，《顏
眞卿元次山碑》，頁4；二玄社，《唐顏眞卿顏氏家廟碑》，下冊，頁39。

〔註160〕教育部，《常用國字標準字體表》，頁14。

〔註161〕二玄社，《唐顏眞卿顏勤禮碑》，頁94；二玄社，《唐顏眞卿麻姑山仙壇記》，
頁22；二玄社，《唐顏眞卿顏氏家廟碑》，上冊，頁9、27、28、100，下冊，頁
73、89。

〔註162〕施安昌編，《顏眞卿書干祿字書》，頁30。

〔註163〕李宗焜，《甲骨文字編》，中冊，頁444～445。

〔註164〕从火、从女一形，李宗焜別爲他字，見：《甲骨文字編》，中冊，頁445。朱
歧祥則釋爲「光」，見：古文字詁林編纂委員會，《古文字詁林》，第八冊，頁
712。

〔註165〕容庚，《金文編／續金文編》，第十・六，頁577～578。

第二形从火、从卩；第三形从火、从女；第四形馬敘倫謂「火从、羊聲」。〔註166〕
秦〈詛楚文〉作「<!-- 篆字 -->」，丛火从儿。〔註167〕《說文解字》云：

<!-- 篆字 -->，朙也，从火在儿上，光朙意也。<!-- 篆字 -->，古文。<!-- 篆字 -->，古文。〔註168〕

　　故唐代楷書「光」字，〈孔子廟堂碑〉之寫法，實源自甲骨文、金文之第
一形、第二形大篆；若〈顏勤禮碑〉等之寫法，則源自〈詛楚文〉與《說文
解字》小篆。

（三）「京」字

　　唐代楷書中顏眞卿〈東方朔畫贊碑〉等作「京」，〔註169〕與現行國字標
準字體相同；〔註170〕歐陽詢〈九成宮醴泉銘〉等作「京」，〔註171〕中段若「日」。
顏元孫《干祿字書》以「京」爲通體，而「京」爲正體。〔註172〕

　　按：「京」字，甲骨文作「<!-- 甲骨文 -->」、「<!-- 甲骨文 -->」、「<!-- 甲骨文 -->」、「<!-- 甲骨文 -->」、「<!-- 甲骨文 -->」、「<!-- 甲骨文 -->」……
等形，〔註173〕皆象高臺之形，唯筆畫繁簡不同耳。馬敘倫「蓋京即亭也」；〔註174〕
陳秉新則謂：

> 京的本義爲宗廟，商周都稱宗廟爲京。由於國都必有京——宗廟，
> 故遂稱國都爲京。宗廟崇宏巍峨，故京引申爲大、爲高。〔註175〕

〔註166〕古文字詁林編纂委員會，《古文字詁林》，第八冊，頁710。
〔註167〕馮雲鵬、馮雲鵷，《金石索》，（臺北：台聯國風出版社、中文出版社，1974），
　　　　頁978。
〔註168〕丁福保，《說文解字詁林》，第八冊，頁814。
〔註169〕顏眞卿，《畫贊碑》，頁54；二玄社，《唐顏眞卿顏勤禮碑》，頁12、24、43、
　　　　60、77、85；顏眞卿，《大唐中興頌》，頁51、53；二玄社，《唐顏眞顏氏家
　　　　廟碑》，下冊，頁46、56；二玄社，《唐柳公權左神策軍紀聖德碑》，頁56。
〔註170〕教育部，《常用國字標準字體表》，頁4。
〔註171〕二玄社，《唐歐陽詢九成宮醴泉銘》，頁15、28；二玄社，《唐歐陽詢化度寺
　　　　碑》，頁18、20；二玄社，《唐歐陽詢溫彥博碑》，頁43；二玄社，《唐歐陽詢
　　　　皇甫誕碑》，頁34；二玄社，《唐顏師古等慈寺碑》，頁58；二玄社，《唐褚遂
　　　　良孟法師碑》，頁18、26；二玄社，《唐歐陽通道因法師碑》，頁43、44；二
　　　　玄社，《唐歐陽通泉男生墓誌銘》，頁58；顏眞卿，《郭虛己墓誌銘》，頁13；
　　　　二玄社，《唐顏眞卿多寶塔碑》，頁7、12。
〔註172〕施安昌編，《顏眞卿書干祿字書》，頁31。
〔註173〕李宗焜，《甲骨文字編》，中冊，頁738。
〔註174〕古文字詁林編纂委員會，《古文字詁林》，第五冊，頁537。
〔註175〕古文字詁林編纂委員會，《古文字詁林》，第五冊，頁542。

金文作「」、「」、「」、「」、「」……等形，〔註 176〕第一形、第二形與甲骨文近似；第三形於下段中豎加點，第四、第五形「京」上疊「亯」，王國維釋作「京」，陳秉新則謂「古文字亯與京的構形基本相同，都讀作『京』，本義爲宗廟」。〔註 177〕《說文解字》云：

　　　　，人所爲絕高丘也，从高省，丨象高形。〔註 178〕

故唐代楷書「京」字，〈化度寺碑〉等之寫法，實源自甲骨文、金文之第二形大篆；若〈東方朔畫贊碑〉等之寫法，則源自小篆。

（四）「宜」字

唐代楷書中未見與現行國字標準字體相同而作「宜」者；〔註 179〕而歐陽詢〈化度寺碑〉等作「」〔註 180〕；顏眞卿〈顏氏家廟碑〉一作「」。〔註 181〕〈補《干祿字書》表〉以「」爲「符合《說文》者」，而「」爲「符合《石經》者」。〔註 182〕

按：「宜」字，甲骨文作「」、「」、「」、「」、「」、「」、「」、「」……等形，〔註 183〕商承祚謂「與俎爲一字，……皆象肉在俎上之形」。〔註 184〕金文作「」、「」、「」、「」……等形，容庚謂「象置肉于且上之形，疑與俎爲一字」。〔註 185〕秦代〈泰山刻石〉作「」。〔註 186〕甲文、

〔註 176〕容庚，《金文編／續金文編》，第五・三四，頁 331。

〔註 177〕古文字詁林編纂委員會，《古文字詁林》，第五冊，頁 542。

〔註 178〕丁福保，《說文解字詁林》，第五冊，頁 246。

〔註 179〕教育部，《常用國字標準字體表》，頁 51。

〔註 180〕二玄社，《唐歐陽詢化度寺碑》，頁 17；二玄社，《唐歐陽詢九成宮醴泉銘》，頁 26；二玄社，《唐歐陽通泉男生墓誌銘》，頁 61；二玄社，《唐張旭郎官石記》，頁 45；顏眞卿，《郭虛己墓誌銘》，頁 79；二玄社，《唐顏眞卿多寶塔碑》，頁 33；二玄社，《唐顏眞卿顏勤禮碑》，頁 30、36；顏眞卿，《大唐中興頌》，頁 71；二玄社，《唐顏眞顏氏家廟碑》，上冊，頁 96。

〔註 181〕二玄社，《唐顏眞顏氏家廟碑》，下冊，頁 78。

〔註 182〕施安昌編，《顏眞卿書干祿字書》，頁 81。

〔註 183〕李宗焜，《甲骨文字編》，下冊，頁 1369。

〔註 184〕馬敍倫、徐中舒、嚴一萍亦有相同主張。見：古文字詁林編纂委員會，《古文字詁林》，第六冊，頁 823～824。

〔註 185〕容庚，《金文編／續金文編》，第七・二九，頁 450～451。

〔註 186〕二玄社，《秦泰山刻石／瑯邪臺刻石》，頁 9。

金文與秦篆蓋皆倚二肉而畫俎之形。《說文解字》云：

〔圖〕，所安也，從宀之下、一之上、多省聲。〔圖〕，古文宜。〔圖〕，亦
古文宜。〔註187〕

故唐代楷書「宜」字，〈化度寺碑〉等之寫法，實源自大篆；若〈顏氏家
廟碑〉之寫法，則源自《說文解字》小篆；現今楷書之寫法，亦源自大篆。

（五）「明」字

唐代楷書中未見與現行國字標準字體相同而作「明」者；〔註188〕而虞世
南〈孔子廟堂碑〉等作「明」，〔註189〕左旁若「目」；顏真卿〈郭虛己墓誌
銘〉等作「明」，〔註190〕左旁從「囧」。顏元孫《干祿字書》以「明」爲通
體，而「明」爲正體。〔註191〕〈補《干祿字書》表〉則以「明」爲「符合
《說文》者」，「明」爲「符合《石經》者」，而「明」爲「其它相同的字
（異體字）」。〔註192〕

〔註187〕丁福保，《說文解字詁林》，第六冊，頁 700。

〔註188〕教育部，《常用國字標準字體表》，頁 90。

〔註189〕二玄社，《虞世南孔子廟堂碑》，頁 5、10、12、16、18、23、28、31；二玄
社，《唐歐陽詢化度寺碑》，頁 10、11、16、22；二玄社，《唐歐陽詢九成宮
醴泉銘》，頁 29、36、37；二玄社，《唐歐陽詢溫彥博碑》，頁 38、42；二玄
社，《唐歐陽詢皇甫誕碑》，頁 4、8、26、37；二玄社，《唐顏師古等慈寺碑》，
頁 19、20、67；二玄社，《唐褚遂良伊闕佛龕碑》，頁 30、36、38、44、45、
51、58；二玄社，《唐褚遂良孟法師碑》，頁 12、17、19、21、27；二玄社，
《唐褚遂良房玄齡碑》，頁 23、36；二玄社，《唐褚遂良雁塔聖教序》，頁 6、
19、54；二玄社，《唐歐陽通泉男生墓誌銘》，頁 54；二玄社，《唐薛曜夏日
遊石淙詩》，頁 79；張旭，〈嚴仁墓誌銘〉，第 2 行第 5 字，第 10 行第 1 字；
顏真卿，《郭虛己墓誌銘》，頁 34；二玄社，《唐顏真卿多寶塔碑》，頁 9、17、
34；顏真卿，《畫贊碑》，頁 30；大眾書局，《柳公權書金剛經》，頁 56；二玄
社，《唐柳公權玄祕塔碑》，頁 16、30；二玄社，《唐柳公權左神策軍紀聖德
碑》，頁 24、33。

〔註190〕顏真卿，《郭虛己墓誌銘》，頁 16；二玄社，《唐顏真卿多寶塔碑》，頁 17、40、
49；顏真卿，《畫贊碑》，頁 22、40、65、83；二玄社，《唐顏真卿顏勤禮碑》，
頁 41、55、67、74、75、76、78、81、83；顏真卿，《大唐中興頌》，頁 37、
45；上海書畫出版社，《顏真卿元次山碑》，頁 19、38、62；二玄社，《唐顏
真顏顏氏家廟碑》，上冊，頁 71、98；《唐顏真顏氏家廟碑》，下冊，頁 43、44、
46、47、51、52、65、68。

〔註191〕施安昌編，《顏真卿書干祿字書》，頁 30。

〔註192〕施安昌編，《顏真卿書干祿字書》，頁 82。

按：「明」字，甲骨文作「」、「」、「」、「」、「」、「」、「」……等形，〔註193〕前三形皆「右爲窗」、「左爲月」；第四形則「窗形譌而爲日」。〔註194〕金文作「」、「」、「」、「」……等形，〔註195〕則皆从月、从囧，唯筆畫繁簡不同耳。秦代〈泰山刻石〉作「」，〔註196〕〈繹山刻石〉同。〔註197〕《說文解字》云：

，照也，从月、囧。……，古文从日。〔註198〕

故唐代楷書「明」字，〈孔子廟堂碑〉等之寫法，實源自大篆；若〈郭虛己墓誌銘〉等之寫法，則源自小篆；現今楷書之寫法，亦源自大篆。

（六）「宮」字

唐代楷書中未見與現行國字標準字體相同而作「宮」者；〔註199〕虞世南〈孔子廟堂碑〉等作「」，二「口」之間無相連筆畫。〔註200〕

按：「宮」字，甲骨文作「」、「」、「」、「」、「」……等形，〔註201〕前二形「象房室相連」，〔註202〕蓋爲「宮」字初文；〔註203〕或釋作「雍」〔註204〕後三形「加宀以明之」，〔註205〕而第五形宀之下訛作雙「口」。

〔註193〕李宗焜，《甲骨文字編》，中冊，頁419。
〔註194〕董作賓說，見：古文字詁林編纂委員會，《古文字詁林》，第六冊，頁 511～512。
〔註195〕容庚，《金文編／續金文編》，第七・一一，頁413。
〔註196〕二玄社，《秦泰山刻石／瑯邪臺刻石》，頁5、10、30。
〔註197〕袁仲一・劉玨，《秦文字類編》（西安：陝西人民教育出版社，1993），頁502。
〔註198〕丁福保，《說文解字詁林》，第六冊，頁239。
〔註199〕教育部，《常用國字標準字體表》，頁52。
〔註200〕二玄社，《虞世南孔子廟堂碑》，頁21；二玄社，《唐歐陽詢九成宮醴泉銘》，頁6、7、17、20、22；二玄社，《唐顏師古等慈寺碑》，頁22；二玄社，《唐褚遂良伊闕佛龕碑》，頁21、56；二玄社，《唐褚遂良房玄齡碑》，頁22；二玄社，《唐歐陽通道因法師碑》，頁40；二玄社，《唐薛曜夏日遊石淙詩》，頁43、69、79、99；二玄社，《唐張旭郎官石記》，頁35；二玄社，《唐顏眞卿多寶塔碑》，頁34；二玄社，《唐顏眞卿顏勤禮碑》，頁11、13、18、29；二玄社，《唐顏眞卿顏氏家廟碑》，上冊，頁44、53、56，下冊，頁7、86；二玄社，《唐柳公權左神策軍紀聖德碑》，頁32。
〔註201〕李宗焜，《甲骨文字編》，中冊，頁818～819、758。
〔註202〕李孝定，《金文詁林讀後記》，卷七，頁291。
〔註203〕馬敍倫說，見：古文字詁林編纂委員會，《古文字詁林》，第六冊，頁877。
〔註204〕李宗焜，《甲骨文字編》，中冊，頁818。

金文作「⟨图⟩」、「⟨图⟩」、「⟨图⟩」……等形，〔註206〕前二形與甲骨文之第四、第五形近似；第三形宀下作兩三角形。石鼓文作「⟨图⟩」，〔註207〕上下兩房室之間有相連之短豎。《說文解字》云：

⟨图⟩，室也，从宀、躳省聲。〔註208〕

故唐代楷書「宮」字，〈孔子廟堂碑〉等之寫法，源自大篆。而〈補《干祿字書》表〉以「⟨图⟩」爲「符合《說文》者」，而「⟨图⟩」爲「符合經典相承者」。〔註209〕；則不知前者乃源自石鼓文與《說文解字》之小篆，而後者則源自甲骨文與金文之大篆。

（七）「惠」字

唐代楷書中歐陽通〈道因法師碑〉作「⟨图⟩」，〔註210〕「心」之上有「厶」，與現行楷書相同；虞世南〈孔子廟堂碑〉等作「⟨图⟩」，〔註211〕「心」之上無「厶」。

按：「惠」字，甲骨文缺；惟有「叀」字作「⟨图⟩」、「⟨图⟩」、「⟨图⟩」、「⟨图⟩」、「⟨图⟩」……等形，〔註212〕假借爲「語詞」，「讀若惟」。〔註213〕金文作「⟨图⟩」、「⟨图⟩」、「⟨图⟩」、「⟨图⟩」、「⟨图⟩」……等形，〔註214〕前二形實爲「叀」字，假借作「惠」；其餘三形則皆从心、「叀聲」。〔註215〕《說文解字》云：

〔註205〕馬敍倫說，見：古文字詁林編纂委員會，《古文字詁林》，第六冊，頁877。

〔註206〕容庚，《金文編／續金文編》，第七・三五，頁461。

〔註207〕二玄社，《周石鼓文》（東京，1981），頁23。

〔註208〕丁福保，《說文解字詁林》，第六冊，頁746。

〔註209〕施安昌編，《顏眞卿書干祿字書》，頁81。

〔註210〕二玄社，《唐歐陽通道因法師碑》，頁23。

〔註211〕上海書畫社，《虞世南孔子廟堂碑》，頁5；二玄社，《唐歐陽詢溫彥博碑》，頁46；二玄社，《唐顏師古等慈寺碑》，頁82；二玄社，《唐歐陽通泉男生墓誌銘》，頁66；張旭〈嚴仁墓誌銘〉，第8行第5字；顏眞卿《郭虛己墓誌銘》，頁104。

〔註212〕李宗焜，《甲骨文字編》，下冊，頁1271～1277。

〔註213〕唐蘭說，見：古文字詁林編纂委員會，《古文字詁林》，第四冊，頁314。

〔註214〕容庚，《金文編／續金文編》，第四・一六，頁246～247。

〔註215〕唐蘭謂「惠從叀聲」，見古文字詁林編纂委員會，《古文字詁林》，第四冊，頁314。

「𢛳」，仁也，从心、更。「𢛳」，古文惠从卉。〔註216〕

故唐代楷書「惠」字，〈孔子廟堂碑〉等「更」之寫法，實源自甲骨文之前二形；若〈道因法師碑〉「更」之寫法，則源自金文與小篆。

（八）「黃」字

唐代楷書中未見與現行國字標準字體相同而作「黃」者；〔註217〕歐陽詢〈九成宮醴泉銘〉等作「黃」。〔註218〕

按：「黃」字，甲骨文作「𡙌」、「𡚑」、「𡚒」、「𡚓」、「黃」……等形，〔註219〕象上下有系之玉璧形，即「璜」字初文。其中第一形或釋「交」；〔註220〕第五形上部若「口」，而為金文第二形所本。金文作「𡚑」、「黃」、「𡚒」、「黃」、「黃」……等形，〔註221〕其中第三至第五形上部若「廿」，而小篆所本；唯金文之左右兩縱向筆畫較小篆為稍斜。《說文解字》云：

「黃」，地之色也，从田、芡聲，「炗」，古文光。〔註222〕

故唐代楷書「黃」字，〈九成宮醴泉銘〉等之寫法，源自金文第三至第五形大篆；現今楷書之寫法，則源自小篆。

（九）「德」字

唐代楷書中顏眞卿〈多寶塔碑〉等作「德」，〔註223〕與現行國字標準字

〔註216〕丁福保，《說文解字詁林》，第四冊，頁540。

〔註217〕教育部，《常用國字標準字體表》，頁239。

〔註218〕二玄社，《虞世南孔子廟堂碑》，頁30；二玄社，《唐歐陽詢九成宮醴泉銘》，頁39；二玄社，《唐歐陽通道因法師碑》，頁24；二玄社，《唐顏眞卿多寶塔碑》，頁36；二玄社，《唐顏眞卿顏勤禮碑》，頁10、14、86；二玄社，《唐顏眞顏氏家廟碑》，上冊，頁43、46、51、86；下冊，頁75、85。

〔註219〕李宗焜，《甲骨文字編》，下冊，頁971～973。

〔註220〕藝文印書館，《校正甲骨文編》，下冊，卷一〇・一四，頁423。

〔註221〕容庚，《金文編／續金文編》，第一三・一六至一三・一七，頁732～734。

〔註222〕丁福保，《說文解字詁林》，第十冊，頁1323。

〔註223〕二玄社，《唐顏眞卿多寶塔碑》，頁28；二玄社，《唐顏眞卿顏勤禮碑》，頁25、34、38、52、89、92、93、96；顏眞卿，《大唐中興頌》，頁58、140；二玄社，《唐顏眞卿麻姑山仙壇記》，頁49、58；上海書畫出版社，《顏眞卿元次山碑》，頁18、67、73；二玄社，《唐顏眞顏氏家廟碑》，上冊，頁13、63；下冊5、51、53；大眾書局，《柳公權書金剛經》，頁16、22之2、61、66-2、67、86-2、87-2、94、103-4、104。

體相同；〔註224〕而虞世南〈孔子廟堂碑〉等作「德」，〔註225〕「心」上無橫，異於現行「標準字體」。

　　按：「德」字，甲骨文作「𢔾」、「𡗩」、「𡪡」……等形，〔註226〕第一形从行、直聲；第二形、第三形从彳、直聲，惟左右書不同耳。金文作「𤳵」、「𢜘」、「德」、「德」、「譓」……等形，〔註227〕第一形不从彳，第二形不从心，第三形「心」上無「𠃊」，第四形左旁从辵，第五形左旁从言。秦代〈泰山刻石〉作「德」，〔註228〕「心」上無「𠃊」，與金文第三形同。蓋迄至秦代，「德」字右旁「心」上皆無加「𠃊」者。〔註229〕《說文解字》云：

　　　　「德」，升也，从彳、惪聲。〔註230〕

　　故唐代楷書「德」字，〈孔子廟堂碑〉等之寫法，源自金文大篆之第三形與秦代〈泰山刻石〉等；若〈多寶塔碑〉等之寫法，則源自《說文解字》小篆。

　　（十）「禮」字

　　唐代楷書中歐陽詢〈九成宮醴泉銘〉等作「禮」，〔註231〕與現行國字標

〔註224〕教育部，《常用國字標準字體表》，頁66。

〔註225〕二玄社，《虞世南孔子廟堂碑》，頁5、6、22、23-3、27、29、31、35、36-2；二玄社，《唐歐陽詢化度寺碑》，頁9、10、22；九12、27、31、35-2、36；二玄社，《唐歐陽詢溫彥博碑》，頁34、43、46、47、50、51；二玄社，《唐歐陽詢皇甫誕碑》，10、15、28、39、48、49；二玄社，《唐顏師古等慈寺碑》，頁13、21、29、67、74；二玄社，《唐褚遂良伊闕佛龕碑》，頁35、38、44、51、89；二玄社，《唐褚遂良孟法師碑》，頁11、15、18；二玄社，《唐褚遂良房玄齡碑》，頁8、31、34；二玄社，《唐褚遂良雁塔聖教序》，頁14、43、47；二玄社，《唐歐陽通道因法師碑》，頁4、12、15、17、19、29、34、43、47、57；二玄社，《唐歐陽通泉男生墓誌銘》，頁46、48、51、54-2；二玄社，《唐張旭郎官石記》，頁36；張旭，〈嚴仁墓誌銘〉，第3行第7字、第13行第17字；顏真卿，《郭虛己墓誌銘》，頁78、97、100、101、105；多50；顏真卿，《晝贊碑》，頁82、102、106；大眾書局，《柳公權書金剛經》，頁10、12、21、22之1、3、37-2、45、57、60、61；二玄社，《唐柳公權玄祕塔碑》，頁4、21、43；二玄社，《唐柳公權左神策軍紀聖德碑》，頁3、21、38。

〔註226〕藝文印書館，《校正甲骨文編》，卷二・二四，頁74。

〔註227〕容庚，《金文編／續金文編》，第二・二六，頁118〜119。

〔註228〕二玄社，《秦泰山刻石／瑯邪臺刻石》（東京，1979），頁8。

〔註229〕袁仲一、劉玨，《秦文字類編》，頁130〜131。

〔註230〕丁福保，《說文解字詁林》，第三冊，頁174。

〔註231〕二玄社，《唐歐陽詢九成宮醴泉銘》，頁26（2）；二玄社，《唐褚遂良房玄齡

準字體相同；〔註232〕歐陽通〈泉男生墓誌銘〉等作「礼」。〔註233〕唐・顏元孫《干祿字書》以「禮」與「礼」二者並爲正體，而云「多行上字」。〔註234〕

按：「禮」字，甲骨文作「 」、「 」、「 」、「 」、「 」……等形，〔註235〕皆从珏在豆中，而「珏」與「豆」繁簡各有不同。金文作「 」或「 」，〔註236〕秦〈詛楚文〉作「禮」。〔註237〕《說文解字》云：

禮，履也，所以事神致福也，从示、从豐，豐亦聲。 ，古文禮。
〔註238〕

故唐代楷書「禮」字，〈泉男生墓誌銘〉等之寫法，實源自大篆；若〈九成宮醴泉銘〉等之寫法，則源自小篆。

就字形淵源而論，唐代楷書的文字形體或源自大篆，或源自小篆。「源自大篆」之楷書文字，宜歸屬於大篆系統；「源自小篆」之楷書文字，則宜歸屬於小篆系統。而大篆系統與小篆系統合稱「二篆系統」。

本文擬針對唐代楷書的二篆系統之相關問題，作較爲深入之探討。包括：二篆與二篆系統、楷書產生之歷程以及楷書的各種名稱、唐代楷書之流行盛況、中國歷代的楷書字形之異同，尤其是透過唐代楷書與先前楷書以及唐代楷書與後世楷書之分析比較，以呈現唐代楷書二篆系統之相關細節，並突顯唐代楷書二篆系統之重要性。

碑》，頁8、14、36；二玄社，《唐歐陽通泉男生墓誌銘》，頁59、60、62、63；顏眞卿，《畫贊碑》，頁83；上海書畫出版社，《顏眞卿書元次山碑》，頁21、52、59、64。

〔註232〕教育部，《常用國字標準字體表》，頁146。

〔註233〕二玄社，《唐歐陽通泉男生墓誌銘》，頁52；大眾書局，《柳公權書金剛經》，頁63；二玄社，《唐柳公權玄祕塔碑》，頁35。

〔註234〕顏元孫，《干祿字書》，頁38。

〔註235〕李宗焜，《甲骨文字編》，下冊，頁1103。

〔註236〕容庚，《金文編》，第五・一七，頁297。

〔註237〕馮雲鵬、馮雲鵷，《金石索》，頁981。

〔註238〕丁福保，《說文解字詁林》，第二冊，頁65。

第一章　二篆與二篆系統

　　「篆書」一詞，最早蓋出現於兩漢之間的王莽時代；當時作爲小篆之別名。許愼〈說文解字敘〉云：

　　　及亡新居攝，……時有六書，……三曰篆書，即小篆。〔註1〕

後世則多將「篆書」當作隸書之前中國古文字之統稱。

　　惟無論作爲小篆之別稱，或如後世之作爲隸書之前中國古文字之統稱，「篆書」一詞都不是恰當的用法。

　　按：「篆」字的本義爲「引書」（提筆寫字），動詞。許愼《說文解字》云：

　　　篆，引書也，从竹、彖聲。

段玉裁注：

　　　引書者，引筆而箸於竹帛也。〔註2〕

其後，「篆」字始引申爲「文字」之義，名詞。如「大篆」「小篆」是。〔註3〕

而「書」字的本義爲「箸」（亦提筆寫字），動詞。許愼《說文解字》云：

　　　書，箸也，从聿、者聲。〔註4〕

徐灝箋：

　　　書从聿，當以作字爲本義；因以爲簡冊之稱。〔註5〕

〔註1〕丁福保，《說文解字詁林》，第十一冊，頁902。

〔註2〕丁福保，《說文解字詁林》，第四冊，頁995。

〔註3〕「篆」字亦假借爲「轂約」與「鐘帶」之名，見：鄭玄注、賈公彥疏，《周禮注疏》，《十三經注疏》（臺北：藝文印書館，1976），第三冊，卷三十九，頁600，〈考工記・輪人〉「陳篆必正」注；卷四十，頁617，〈考工記・鳧氏〉「鐘帶謂之篆」。

〔註4〕丁福保，《說文解字詁林》，第三冊，頁1088。

〔註5〕丁福保，《說文解字詁林》，第三冊，頁1088。

其後，亦引申爲「文字」之義，名詞。再引申爲「簡冊」之義，亦名詞。故「篆」與「書」二字皆有由書寫而引申爲文字之用例；二者常或通用。〔註6〕

「篆書」既作爲書體之名，從字義上說，只能解釋爲「書寫的文字」或「文字的文字」，這兩種解釋顯然都是不通的。因此，無論作爲小篆之別稱，或如後世之作爲隸書之前中國古文字之統稱，「篆書」一詞都不是恰當的用法。

唯爲行文之方便，下文所使用之「篆書」一詞，仍採取後世之用法，當作「隸書之前中國古文字之統稱」。

第一節　篆分大、小二種

以時代先後爲標準，篆書一體可區分爲先秦的大篆與秦代的小篆兩種。許愼〈說文解字敘〉云：

> 自爾秦書有八體，一曰大篆，二曰小篆，三曰刻符，四曰幡信，五
> 曰摹印，六曰署書，七曰殳書，八曰隸書。

段玉裁注：

> 自刻符而下，其《漢志》所謂「六技」，與刻符、幡信、摹印、署書、
> 殳書，皆不離大篆、小篆，而詭變各自爲體。〔註7〕

蓋秦代之學者將初創以來迄於戰國時代結束的中國文字，統稱爲「大篆」；而將秦時通行之正體文字稱爲「小篆」。

按：「大」字，甲骨文、金文皆象人正面站立之形，其本義應爲「人」。〔註8〕其後，引申爲大小義。東漢・許愼《說文解字》云：

> 大，天大、地大、人亦大，故大象人形，古文大也。〔註9〕

再引申爲有老大義，如《爾雅・釋木》云：

> 槐……大而皵，楸。

樊光云：

〔註6〕如：《法書要錄》本王愔《文字志》中之「倒薤篆」、「偃波篆」、「蚊腳篆」三種，《書苑菁華》本與《佩文齋書畫譜》本則作「倒薤書」、「偃波書」、「蚊腳書」。參見：孫過庭等，《唐人書學論著／宣和書譜》，張彥遠，《法書要錄》，卷一，頁23；陳思《書苑菁華》卷十九，頁727；孫岳頒等，《佩文齋書畫譜》，卷一，頁36。

〔註7〕丁福保，《說文解字詁林》，第十一冊，頁934。

〔註8〕參見：本書第一章第四節二之（一）之3。

〔註9〕丁福保，《說文解字詁林》，第八冊，頁919。

　　大，老也。〔註10〕

　　「大」用作老大義，讀爲泰。經史如：《易》之「大和」、「大極」，《書》、《詩》之「大王」「大師」，《禮》之「大羹」、「大牢」，並音泰；後人始於「大」字下加點作「太」，以別於小大之大。

　　「大」既用作「太」，故亦有古老之義。范曄《後漢書‧班固傳》云：

　　　韶舞備，太古畢。〔註11〕

注：

　　　太古，遠古也。〔註12〕

　　而「小」字，甲骨文與「少」字爲重文，蓋皆象沙粒之形；其本義爲「水散石也」，即「沙」字初文。〔註13〕其後，始假借爲微小字。許慎《說文解字》云：

　　　小，物之微也，从八、丨見而分之。〔註14〕

「物之微也」實爲「小」字之假借義。其後，再由微小而引申爲少小義。《爾雅‧釋木》云：

　　　槐……小而皵，榎。

樊光云：

　　　小，少也。〔註15〕

而「少」字則由「水散石」假借爲鮮少義。許慎《說文解字》云：

　　　少，不多也，从小、丿聲。〔註16〕

「不多也」實爲「少」字之假借義。其後，「少」字再由鮮少引申爲少小義。如：《禮記》「少儀」，陸德明《釋文》云：「少猶小也。」〔註17〕《國語‧晉語四》「少溲于豕牢」，注：「少，小也。」〔註18〕〈蜀都賦〉「亞以少城」，劉

〔註10〕　郭璞注、刑昺疏，《爾雅注疏》，《十三經注疏》，（臺北：藝文印書館，1976）
　　　　　第八冊，卷九，頁159。
〔註11〕　范曄著，李賢等注，《新校本後漢書》（臺北：鼎文書局，1978），卷四十下，
　　　　　頁1364。
〔註12〕　范曄著，李賢等注，《新校本後漢書》，卷四十下，頁1368。
〔註13〕　參見：本書第一章第三節之二之（二）。
〔註14〕　丁福保，《說文解字詁林》，第二冊，頁975。
〔註15〕　郭璞注、刑昺疏，《爾雅注疏》，卷九，頁159。
〔註16〕　丁福保，《說文解字詁林》，第一冊，頁978。
〔註17〕　鄭玄注、孔穎達疏，《禮記注疏》，《十三經注疏》（臺北：藝文印書館，1976），
　　　　　第五冊，卷三十五，頁626。
〔註18〕　左丘明著、韋昭注，《國語》（臺北：臺灣中華書局，1966），卷十，頁19。

注：「少城，小城也。」〔註19〕

「篆」字則如前所述，由本義「引書」（提筆寫字）而引申爲「文字」之義。

故所謂「大篆」，即太篆，意即古老的文字，蓋爲秦代學者用以統稱先秦的各種文字之專名。而所謂「小篆」，即少篆，意即晚近的文字，蓋爲秦代學者用以指稱被始皇帝當作「書同文」的標準書體之秦系文字之專名。

按：戰國時代，各國由於政治與軍事等各方面之競爭，除了田疇、車涂、衣冠、言語各有差異之外，文字的形體亦雜然紛陳。許愼《說文解字‧敘》云：

> 其後諸侯力政，不統於王，惡禮樂之害己，而皆去其典籍。分爲七
> 國，田疇異晦，車涂異軌，衣冠異制，言語異聲，文字異形。〔註20〕

至秦始皇帝統一天下，乃以戰國末年的秦系文字作爲「書同文」的標準字體，而稱之爲「小篆」。許愼《說文解字‧敘》云：

> 秦始皇帝初兼天下，丞相李斯乃奏同之，罷其不與秦文合者。斯作
> 《倉頡篇》，中車府令趙高作《爰歷篇》，大史令胡毋敬作《博學
> 篇》，皆取史籀大篆，或頗省改，所謂「小篆」者也。〔註21〕

其中，「所謂『小篆』者也」，應釋作：就是秦人所說的「小篆」。

因此，「大篆」一名與作爲書體之稱的「古文」實爲同義詞，皆可作爲先秦文字的統稱。葉德輝〈說文籀文考證序〉云：

> 《太平御覽‧工藝部‧篆書》下引《書斷》云：「《呂氏春秋》：倉頡
> 造大篆。」知古文與大篆本無別也。……呂不韋與李斯同時，其稱
> 倉頡爲大篆者，倉頡即是古文，古文即是大篆也。〔註22〕

至許愼，可能已不知「大篆」與「古文」爲同義詞；乃稱倉頡所造的文字爲「古文」，而稱太史籀所著的十五篇爲「大篆」或「籀文」。又見秦書八體中只有「大篆」，而無「古文」，遂有秦滅古文之說。許愼《說文解字‧敘》云：

> 是時，秦燒滅經書，滌除舊典，……而古文由此絕矣。〔註23〕

〔註19〕蕭統撰、李善等註，《增補六臣註文選》（臺北：華正書局，1974），卷四，頁94。

〔註20〕丁福保，《說文解字詁林》，第十一冊，頁900。

〔註21〕丁福保，《說文解字詁林》，第十一冊，頁900。

〔註22〕丁福保，《說文解字詁林》，第一冊，頁441。

〔註23〕丁福保，《說文解字詁林》，第十一冊，頁900。

對此，王國維〈戰國時秦用籀文六國用古文說〉云：

> 案：秦滅古文，史無明文；有之，惟一文字與焚〈詩〉、〈書〉二事。

〔註24〕

　　大篆產生之後不久，逐漸出現簡化與草化的現象。到了秦代，簡化的大篆發展成爲小篆；草化的大篆則發展成爲隸書。

　　至於劉熙載《藝概・書概》云：

> 小篆者，秦篆也。……秦無小篆之名，……後人以籀篆爲大，故小秦篆。〔註25〕

以爲「小篆」之名乃後人所取。按：「大篆」與「小篆」既同爲秦書八體之一，〔註26〕則此二名當同爲秦人所取，蓋將先秦文字稱爲「大篆」（即古文），而將秦時文字稱爲「小篆」（即今文）。故劉熙載謂「秦無小篆之名」，恐怕與事實不符。而謂「後人以籀篆爲大，故小秦篆」云云，蓋亦不知「大篆」與「小篆」取名之由。

　　而唐代學者乃將大篆與小篆合稱爲「二篆」。

　　按：「二篆」一詞爲唐代人所常用。孫過庭《書譜》云：

> 故亦傍通二篆，俯貫八分，包括篇章，涵泳飛白。〔註27〕

此乃「二篆」一詞之首見。竇臮《述書賦・上》亦云：

> 伯喈三體，八分二篆。〔註28〕

至於杜甫〈李潮八分小篆歌〉中「大小二篆生八分」〔註29〕一句，則明確指出「二篆」一名實包含大篆與小篆而言。

第二節　大篆與小篆之形體差異

　　大、小二篆除了時代上以先秦或秦代而作區分之外，彼此間在形體上亦有所不同。根據李孝定的分析，大篆的文字形體有不定型現象，包括「偏旁位置多寡不定」、「筆畫多寡不定」、「正寫反寫無別」、「橫書側書無別」、「事

〔註24〕王國維，《觀堂集林》（北京：中華書局，1991），卷七，頁305～306。
〔註25〕劉熙載，《藝概》，卷五，頁137。
〔註26〕丁福保，《說文解字詁林》，第十一冊，頁901。
〔註27〕故宮博物院，《唐孫虔禮書譜序》，頁10。
〔註28〕張彥遠，《法書要錄》，卷五，頁145。
〔註29〕彭定求等，《全唐詩》（臺北：盤庚出版社，1979），卷二二二，頁2360。

類相近的字在偏旁中多可通用」五種；小篆的文字形體乃趨於定型，「字形結構漸趨整齊劃一」、「行款的講求勻稱」。〔註30〕而劉熙載《藝概・書概》則云：

> 周篆委備，如〈石鼓〉是也；秦篆簡直，如〈嶧山〉、〈琅邪臺〉等
> 碑是也。〔註31〕

「委備」謂其用筆委曲、字畫繁備；「簡直」謂其字畫簡省、用筆平直。「委備」與「簡直」爲「周篆」與「秦篆」之區別，亦即大篆與小篆之區別。惟眞正能作爲「周篆」之代表者，當推兩周、特別是西周時期的鐘鼎文；至於石鼓文，實乃戰國時期秦國之物，其書體近於小篆，應歸於「秦篆」。

大、小二篆除了文字形體「委備」或「簡直」之差異外，其主要的差異應該是因文字構成——亦即文字之構造法則、文字之組成元素以及筆畫之演變軌跡三方面——不同所造成的。〔註32〕

以下謹以許愼《說文解字》書中之重文爲例，參酌甲骨文、金文等古文字資料，分析大、小二篆在文字構成方面的差異。

一、構造法則不同所導致之差異

按：同一文字，二篆之構造法則如有不同，則其組成元素必異，遂造成形體之差異。主要爲象形字改爲形聲字。例如——

（一）「雲」字

甲骨文作「 」、「 」、「 」、「 」、「 」、「 」、「 」、「 」……等形，〔註33〕前三形倚一（天也）而畫捲雲之形；第四、第五形於一上加一短橫；第六形捲雲之畫首頂於上加之短橫；最末二形則捲雲與上兩橫分離。

金文缺。

〔註30〕李孝定，〈中國文字的原始與演變〉下篇，《中央研究院歷史語言研究所集刊》，第45本第3分（臺北，1974年5月），頁542。

〔註31〕劉熙載，《藝概》，卷五，頁133。

〔註32〕「文字構成」一詞爲中國文字學者所常用之術語；至於「文字構成」之具體內容，文字學者並未明白指出。本文所提出「構造法則」等三項，係自許愼《說文解字》書中歸納而得。例如：「曐，萬物之精，上爲列星，从晶、生聲。……星，或省。」見：丁福保，《說文解字詁林》，第六冊，頁195。其中，「从晶、生聲」爲構造法則（形聲）與其組成元素（晶、生），而「星，或省」則談「曐」字筆畫演變之軌跡。

〔註33〕李宗焜，《甲骨文字編》，中冊，頁420。

秦〈雲夢日書〉作「雲」。〔註34〕

《說文解字》云：

雲，山川气也，从雨、云象雲回轉形。……云，古文省雨。〔註35〕

故「雲」字大篆（古文）「象雲回轉形」，其構造法則爲象形；小篆則从雨、云聲，其構造法則爲形聲。〔註36〕

（二）「舄」字

甲骨文缺。

金文作「♦」、「♦」、「♦」等形，〔註37〕象鵲鳥之形。〔註38〕

秦〈雲夢日書〉作「雧」。〔註39〕

《說文解字》云：

舄，鵲也，象形。雧，篆文舄从隹、昔。〔註40〕

據《說文解字》，則「舄」字大篆（古文）象鵲鳥之形，其構造法則爲象形；蓋源自金文。小篆（篆文）从隹、昔聲，其構造法則爲形聲。故二篆「舄」字之差異，主要是因構造法則不同所致；即金文與《說文解字》古文爲象形字，而秦〈雲夢日書〉與《說文解字》小篆爲形聲字。

（三）「裘」字

甲骨文作「♦」、「♦」、「♦」、「♦」、「♦」……等形，〔註41〕蓋皆象皮衣之形。或作「♦」、「♦」、「♦」……等形，〔註42〕从衣而畫毛。

金文作「♦」、「♦」、「♦」、「♦」、「♦」、「♦」、「♦」……等形，〔註43〕前三形象皮衣之形；第四、五形从衣、又聲；第六形从衣、求聲；最末一形从衣而畫毛、又聲。

〔註34〕袁仲一、劉珏，《秦文字類編》，頁490。
〔註35〕丁福保，《說文解字詁林》，第九冊，頁805。
〔註36〕按：「雲」字當是於古文「云」上加「雨」爲形符，而爲从雨、云聲之形聲字。
〔註37〕容庚，《金文編／金文續編》，第四‧一四，頁242。
〔註38〕古文字詁林編纂委員會，《古文字詁林》，第四冊，頁261。
〔註39〕袁仲一、劉珏，《秦文字類編》，頁249。
〔註40〕丁福保，《說文解字詁林》，第四冊，頁500。
〔註41〕李宗焜，《甲骨文字編》，中冊，頁537～540。
〔註42〕李宗焜，《甲骨文字編》，中冊，頁731。
〔註43〕容庚，《金文編／金文續編》，第八‧一四，頁499。

《說文解字》云：

> 裘，皮衣也，从衣、求聲。一曰象形，與「衰」同意。……求，古文省衣。〔註44〕

據此，則「求」與「裘」本爲一字，而《說文解字》古文「求」字當象毛裘之形，其構造法則爲象形，源自甲骨文前五形與金文前三形，故爲大篆系統；若《說文》「裘」字「从衣、求聲」，則源自金文第六形，其構造法則爲形聲——金文固屬大篆，然此後起之形既爲小篆所承襲，實宜歸入小篆系統。

（四）「蕢」字

甲骨文缺。

金文缺。

古璽文作「臾」或「臾」。〔註45〕

《說文解字》云：

> 蕢，艸器也，从艸、貴聲。臾，古文蕢象形。〔註46〕

據《說文解字》，則「蕢」字大篆（古文）象艸器之形，其構造法則爲象形；蓋源自古璽文。小篆从艸、貴聲，其構造法則爲形聲。故二篆「蕢」字之差異，主要是因構造法則不同所致；即古璽文與《說文解字》古文爲象形字，而《說文解字》小篆爲形聲字。

（五）「嶽」字

甲骨文作「岳」、「岳」、「岳」、「岳」、「岳」、「岳」、「岳」……等形。〔註47〕

金文缺。

《說文解字》云：

> 嶽，東岱、南靃、西華、北恆、中大室，王者所以巡狩所至，从山、獄聲。岳，古文象高形。〔註48〕

據《說文解字》，則「嶽」字大篆（古文）象山高之形，其構造法則爲象

〔註44〕丁福保，《說文解字詁林》，第七冊，頁564。

〔註45〕古文字詁林編纂委員會，《古文字詁林》，第一冊，頁537。

〔註46〕丁福保，《說文解字詁林》，第二冊，頁867。

〔註47〕李宗焜，《甲骨文字編》，中冊，頁445～450。

〔註48〕丁福保，《說文解字詁林》，第八冊，頁3。

形，小篆从山、獄聲，其構造法則爲形聲。故二篆「嶽」字之差異，主要是因構造法則不同所致；即甲骨文與《說文解字》大篆爲象形字，而《說文解字》小篆爲形聲字。

二、組成元素不同所導致之差異

指大、小篆之構造法則相同而寫法不同之同一文字，其可能之情形有二：其一，同爲會意字，而組成元素有別；其二，同爲形聲字，而形符或聲符有別，或形符與聲符皆有別。例如——

(一)「社」字

甲骨文缺。

金文作「社」；〔註49〕从示、从木。

《說文解字》云：

社，地主也，从示、土。《春秋傳》曰：「共工之子句龍爲社神。」

《周禮》：

「二十五家爲社，各樹其土所宜木。」社，古文社。〔註50〕

故二篆「社」字皆爲會意字；〔註51〕所不同者，在於大篆（古文）之組成元素爲示與木或示與木與土，而小篆之組成元素則爲示與土。彼此之形符有別。

(二)「咳」字

甲骨文缺。

金文缺。

《說文解字》云：

咳，小兒笑也，从口、亥聲。孩，古文咳从子。〔註52〕

故二篆「咳」字皆爲形聲字；所不同者，在於大篆（古文）之組成元素爲子與亥；而小篆之組成元素則爲口與亥。彼此之形符有別。

〔註49〕古文字詁林編纂委員會，《古文字詁林》，第一冊，頁186。
〔註50〕丁福保，《說文解字詁林》，第二冊，頁178。
〔註51〕馬敘倫謂「社古音土，故从土得聲」；戴家祥謂社爲「从示、土聲的形聲字」。
　　　見：古文字詁林編纂委員會，《古文字詁林》，第一冊，頁186、189。如此，
　　　則無論古文社或篆文社，皆爲形聲字。
〔註52〕丁福保，《說文解字詁林》，第二冊，頁1122。

（三）「恕」字

甲骨文缺。

金文缺。

《說文解字》云：

    恕，仁也，从心、如聲。   ，古文省。〔註53〕

故二篆「恕」字皆爲形聲字，所不同者，在於大篆（古文）之組成元素爲心與女，而小篆之組成元素則爲心與如，彼此之聲符有別。

（四）「棄」字

甲骨文作「　」、「　」、「　」……等形，〔註54〕第一形从廾、从云（象倒子）；第二形从甘、从子；第三形从廾、从甘、从子，皆會生子而不養之意。蓋如《詩經·大雅·生民》載：后稷出生，其母姜嫄「誕寘之隘巷」，「誕寘之平林」，「誕寘之寒冰」；〔註55〕故后稷之名曰「棄」。〔註56〕

金文作「　」，〔註57〕蓋从廾、从菁、从子；亦會生子而不養之意。

《說文解字》云：

    棄，捐也，从廾推華棄之，从云，云，逆子也。   ，古文棄。   ，籒文棄。〔註58〕

故二篆「棄」字皆爲會意字，所不同者，在於大篆（古文）之組成元素爲廾與云，或甘與子，或廾與甘與子，或廾與菁與子，或廾與云，或廾與甘與云；而小篆之組成元素則爲廾與華與云。彼此之形符有別。

（五）「謀」字

甲骨文缺。

〔註53〕丁福保，《說文解字詁林》，第八冊，頁1145。

〔註54〕李宗焜，《甲骨文字編》，上冊，頁183。

〔註55〕毛亨傳、鄭玄箋、孔穎達疏，《毛詩正義》（臺北：藝文印書館，1976），卷十七，頁591。

〔註56〕《史記·周本紀》：「周后稷，名弃。其母有邰氏女，名姜原。……初欲弃之，因名曰弃。」見：司馬遷撰、裴駰集解、司馬貞索隱、張守節正義，《史記三家注》（臺北：鼎文書局，1980），卷四，頁111。

〔註57〕容庚，《金文編／金文續編》，第四·一五，頁243。

〔註58〕丁福保，《說文解字詁林》，第四冊，頁516。

金文缺。

《說文解字》云：

　　　　⬚，慮難曰謀，从言、某聲。⬚，古文謀。⬚，亦古文。〔註59〕

故二篆「謀」字皆爲形聲字，所不同者，在於大篆之組成元素爲口與母，而
小篆之組成元素則爲言與某，彼此之形符與聲符皆有別。

三、筆畫演變不同所導致之差異

指大、小篆之構造法則與組成元素皆相同，惟因筆畫演變而使彼此字形
有所差別。例如——

（一）「上」字

甲骨文作「⬚」、「⬚」、「⬚」……等形，〔註60〕第一形从一（象
平面物形）、加一短橫於上，指示其部位；第二形之一稍變爲弧曲，若手掌向
上之形；第三形則指事符號變作一短橫加一豎畫。

金文作「⬚」或「⬚」，〔註61〕前者與甲骨文相同；後者則爲小篆所
本。

《說文解字》云：

　　　　⬚，高也，此古文上，指事也。……⬚，篆文上。〔註62〕

據《說文解字》，則「上」字大篆（古文）从一上加豎畫，小篆則於古文更加
一橫畫。故「上」字二篆皆爲指事字，其組成元素亦皆爲一與指事符號一短
橫或一豎畫；惟小篆將指事符號由大篆的一短橫或一豎畫改作一短橫加一豎
畫，故有所不同。

（二）「王」字

甲骨文作「⬚」、「⬚」、「⬚」、「⬚」……等形，〔註63〕前兩形蓋皆爲
「斧戉之類之繪形」；〔註64〕後兩形則於上方加一橫畫。

〔註59〕丁福保，《說文解字詁林》，第三冊，頁501。

〔註60〕李宗焜，《甲骨文字編》，下冊，頁1327。

〔註61〕容庚，《金文編／金文續編》，第一・三，頁37。

〔註62〕丁福保，《說文解字詁林》，第二冊，頁36。

〔註63〕李宗焜，《甲骨文字編》，下冊，頁1297。

〔註64〕吳其昌說，見：古文字詁林編纂委員會，《古文字詁林》，第一冊，頁218。

　　金文作「王」、「王」、「王」、「王」……等形，〔註65〕。前兩形與甲骨文後兩形近似；第三形為《說文解字》古文所本；第四形則為《說文解字》小篆所本。

　　《說文解字》云：

　　　　王，天下所歸往也。董仲舒曰：「古之造文者，三畫而連其中謂之王。三者，天地人；而參通之者，王也。」孔子曰：「一貫三為王。」……
　　　　王，古文王。〔註66〕

故二篆「王」字皆為象形，皆象斧戉之形；惟小篆將下畫由甲、金文之肥筆或古文之「凵」而簡化為「一」，故有所不同。

（三）「折」字

　　甲骨文作「折」或「折」，〔註67〕前者从又持斤斷木；後者从斤斷木。

　　金文作「折」、「折」、「折」、「折」……等形，〔註68〕皆从斤斷屮。

　　《說文解字》云：

　　　　折，斷也，从斤斷屮，譚長說。折，籀文折从屮在仌中，仌寒，故折。折，篆文折从手。〔註69〕

小篆（篆文）「折」字所从之「手」，當係金文大篆上下二「屮」之「屮」所訛變。故「折」字二篆皆為會意字，其組成元素亦皆為斤與木或屮；惟大篆所从之「屮」至小篆乃訛變為「手」，故有所不同。

（四）「李」字

　　甲骨文缺。

　　金文缺。

　　《說文解字》云：

　　　　李，果也，从木、子聲。李，古文。〔註70〕

〔註65〕容庚，《金文編／金文續編》，第一‧八～一‧九，頁47～49。

〔註66〕丁福保，《說文解字詁林》，第二冊，頁209。

〔註67〕李宗焜，《甲骨文字編》，下冊，頁941。

〔註68〕容庚，《金文編／金文續編》，第一‧一六，頁63。

〔註69〕丁福保，《說文解字詁林》，第二冊，頁888。

〔註70〕丁福保，《說文解字詁林》，第五冊，頁436。

據《說文解字》，則「李」字二篆皆爲形聲字，其組成元素亦皆爲木與子；惟大篆（古文）爲左形右聲，而小篆爲上形下聲，故有所不同。

（五）「周」字

甲骨文作「囲」、「囲」、「囲」、「井」、「串」、「用」、「円」、「用」……等形，〔註71〕前六形象田中有作物之形；最末一形則但作「田」。

金文作「囲」、「囲」、「囲」、「串」、「串」、「串」、「串」、「周」、「串」……等形，〔註72〕前兩形象田中有作物之形；第三、四形但作「田」；其餘五形則蓋加「口」爲聲符。

《說文解字》云：

　周，密也，从用、口。　周，古文周字从古文及。〔註73〕

按：二篆「周」字，金文後五形與《說文解字》古文及小篆皆爲形聲字，其組成元素亦皆爲田與口；惟金文之「田」中或加點，小篆則無；而古文之聲符由「口」訛作「及」，而小篆無誤，故有所不同。

第三節　二篆系統之判別

如上節所述，大、小二篆之形體差異，主要的原因有三：或因文字之構造法則不同而有所差異；或因文字之組成元素不同而有所差異；或因筆畫之演變軌跡不同而有所差異。至於大篆系統與小篆系統之判別，則有進一步討論之必要。

按：《說文解字‧敘》云：

　秦始皇帝初兼天下，丞相李斯……作《倉頡篇》，中車府令趙高作《爰歷篇》，太史令胡母敬作《博學篇》，皆取史籀大篆，或頗省改，所謂「小篆」者也。〔註74〕

段玉裁注：

　「省」者，減其繁重；「改」者，改其怪奇。……「或」之云者，不盡省改也；不改者多。則許所列小篆，……其不云古文作某、籀文

〔註71〕李宗焜，《甲骨文字編》，中冊，頁 827～828。
〔註72〕容庚，《金文編／金文續編》，第二‧一二，頁 89～90。
〔註73〕丁福保，《說文解字詁林》，第二冊，頁 1211。
〔註74〕丁福保，《說文解字詁林》，第十一冊，頁 900。

> 作某者，古、籀同小篆也；其既出小篆，又云古文作某、籀文作某
> 者，則所謂「或頗省改」者也。〔註75〕

惟因《說文解字》一書所列之「古文」與「籀文」只是戰國時期的文字，並不能涵括所有的大篆；故如欲探討大篆與小篆之判別，以及因而衍生之大篆系統與小篆系統之判別，則需要參酌商周甲骨文與金文等年代更早之大篆文字資料。

根據商周甲骨文與金文、秦代刻石與權量銘，以及許慎《說文解字》書中的古文、籀文與篆文之實例分析，大篆系統與小篆系統之判別，其準據可以歸納為以下四項——

一、**某字之大篆僅一種寫法**，而小篆直接承襲未加「省改」，則此字之大
　　篆與小篆，皆應歸屬於大篆系統。例如——

　　（一）「八」字

　　甲骨文作「)(」、「)(」、「 || 」……等形，〔註76〕蓋皆象雙臂之形，「為臂之初文」。〔註77〕故「尚」（掌字初文）、「公」（肱字初文）以「八」為形符，皆取義於手臂。〔註78〕

　　金文作「)(」、「八」、「)(」……等形，〔註79〕與甲骨文同。

　　《說文解字》云：

　　　　)(，別也，象分別相背之形。〔註80〕

《說文解字》書中從「八」諸字，蓋皆無取義於「別」者。如：「尚」、「公」二字固取義於手臂；「分」、「半」二字乃從「八」得音；〔註81〕若「介」、「必」則實不從八。〔註82〕

〔註75〕 丁福保，《說文解字詁林》，第十一冊，頁 933～934。
〔註76〕 李宗焜，《甲骨文字編》，下冊，頁 1329。
〔註77〕 馬敍倫說，見：古文字詁林編纂委員會，《古文字詁林》，第一冊，頁 344。
〔註78〕 「尚」為「掌」字初文，見：郭伯佾，《漢代草書的產生》，頁 176。馬敍倫：
　　　　「公蓋肱之次初文。」見：古文字詁林編纂委員會，《古文字詁林》，第一冊，
　　　　頁 656。
〔註79〕 容庚，《金文編／金文續編》，第二・二，頁 69～70。
〔註80〕 丁福保，《說文解字詁林》，第二冊，頁 980。
〔註81〕 馬敍倫謂「分」字「從刀、八聲」，參見：古文字詁林編纂委員會，《古文字
　　　　詁林》，第一冊，頁 625。「半」與「八」雙聲，「半」字當是從牛、八聲。
〔註82〕 參見：古文字詁林編纂委員會，《古文字詁林》，第一冊，頁 644、661。

小篆「八」字承襲大篆之寫法，應歸屬於大篆系統。

（二）「屮」字

甲骨文作「𡳿」或「𡳿」，[註83] 蓋皆屮之莖葉形；與「艸」爲一字。[註84] 東漢〈鮮于璜碑〉云：

　　聲教禁化，猷風之屮。[註85]

即以「屮」爲「艸」。

金文作「𡳿」，[註86] 與甲骨文同。

《說文解字》云：

　　屮，艸木初生也，象丨出形，有枝莖也。古文或以爲「艸」字，讀

　　若徹，……尹彤說。[註87]

故小篆「屮」字乃承襲大篆之寫法，仍應歸屬於大篆系統。

（三）「口」字

甲骨文作「𠙵」或「𠙵」，[註88] 皆象人口部之形。

金文缺，惟多有以「口」爲形符之字。[註89]

《說文解字》云：

　　口，人所以言、食也，象形。[註90]

「口」字小篆承襲大篆之寫法，雖筆畫稍圓曲，仍應歸屬於大篆系統。

（四）「甘」字

甲骨文作「甘」或「甘」，[註91]「本義當爲含，……從口、一象所

含之物」。[註92] 其後借爲甘美字，乃另造從口、今聲之「含」字。

金文缺。

〔註83〕李宗焜，《甲骨文字編》，中冊，頁482。

〔註84〕馬敍倫說，見：古文字詁林編纂委員會，《古文字詁林》，第一冊，頁622。

〔註85〕上海書畫出版社，《鮮于璜碑》（上海，2001），頁11。

〔註86〕容庚，《金文編／金文續編》，第一・一三，頁57。

〔註87〕丁福保，《說文解字詁林》，第二冊，頁447。

〔註88〕李宗焜，《甲骨文字編》，上冊，頁231。

〔註89〕參見：容庚，《金文編／金文續編》，第二・六～第二・一五，頁77～96。

〔註90〕丁福保，《說文解字詁林》，第二冊，頁1103。

〔註91〕李宗焜，《甲骨文字編》，上冊，頁233。

〔註92〕馬敍倫說，見：古文字詁林編纂委員會，《古文字詁林》，第四冊，頁766。

《說文解字》云：

甘，美也，从口含一，一，道也。〔註93〕

《說文解字》「甘」字承襲甲骨文之寫法，雖筆畫稍圓曲，仍應歸屬於大篆系統。

（五）「巿」字

甲骨文缺。

金文作「巿」、「巿」、「巿」……等形，〔註94〕「從一、從巾，一象大巾上之博帶」。〔註95〕筆畫長短雖互有小異，實僅一種寫法。

《說文解字》云：

巿，韠也，上古衣蔽前而已，巿以象之。天子朱巿，諸侯赤符，大

夫葱衡。

从巾，象連帶之形。凡巿之屬皆从巿。韍，篆文巿从韋、从犮。〔註96〕

《說文解字》「巿」字古文承襲金文之寫法，雖筆畫稍圓曲，仍應歸屬於大篆系統。若「韍」字，从韋、犮聲，乃改作之後起字，《說文解字》明言為「篆文」，則屬於小篆系統。

二、某字之大篆有兩種以上的寫法，其中一種為小篆所承襲，則不為小篆所承襲之大篆寫法，屬於大篆系統；而為小篆所承襲之大篆寫法，若為該字之初文，則此大篆之初文，以及承襲大篆初文寫法的小篆，皆屬於大篆系統。例如──

（一）「一」字

甲骨文作「一」，〔註97〕蓋象數籌一枚之形。〔註98〕

金文作「一」，〔註99〕與甲骨文同。

〔註93〕丁福保，《說文解字詁林》，第四冊，頁1208。

〔註94〕容庚，《金文編／金文續編》，第七·三九，頁469。

〔註95〕陳夢家說，見：古文字詁林編纂委員會，《古文字詁林》，第七冊，頁208。

〔註96〕丁福保，《說文解字詁林》，第六冊，頁1080。

〔註97〕李宗焜，《甲骨文字編》，下冊，頁1322。

〔註98〕唐蘭：「一，象數目之形。上古時，或用刻契，或用數籌，此即象其形。舊以為指事字，其實非是。」見：唐蘭，《古文字導論》（臺北：樂天出版社，1973），頁99。

〔註99〕容庚，《金文編／金文續編》，第一·一，頁33。

《說文解字》云：

　　一，惟初太始，道立於一，造分天地，化成萬物。……弌，古文

一。〔註100〕

按：古文「一」字，「乃故增其點畫，免致變易增損以爲姦利耳」〔註101〕。

　　據此，則大篆「一」字有兩種寫法，而小篆「一」字所承襲者乃大篆之初文；故小篆「一」字之寫法，應屬於大篆系統。

（二）「小」字

　　甲骨文作「╷ｌ」、「╷ｌ」、「ｌｌｌ」、「小」……等形，〔註102〕象沙粒之形，其數或三或四，本義爲「水散石」，即「沙」字初文。〔註103〕後世三粒者作「小」，四粒者作「少」；二者原爲一字。

　　金文作「小」、「小」、「小」……等形，〔註104〕亦象沙粒之形，與甲骨文同。

《說文解字》云：

　　小，物之微也，从八、丨見而分之。〔註105〕

　　「小」字小篆承襲甲骨文第一形之寫法，而此甲骨文第一形乃大篆之初文之一；故小篆「小」字之寫法，應屬於大篆系統。

（三）「分」字

　　甲骨文作「分」、「分」、「分」……等形，〔註106〕「从刀、八聲」。〔註107〕第三形之「刀」訛作「人」。

〔註100〕丁福保，《說文解字詁林》，第二冊，頁2。
〔註101〕李孝定，《甲骨文字集釋》（臺北：中央研究院歷史語言研究所，1982），第一，頁6。
〔註102〕李宗焜，《甲骨文字編》，下冊，頁1319〜1320。
〔註103〕馬叙倫謂「小即沙字」，見：古文字詁林編纂委員會，《古文字詁林》，第一冊，頁615引。
〔註104〕容庚，《金文編／金文續編》，第二·一，頁67。
〔註105〕丁福保，《說文解字詁林》，第二冊，頁975。《六書故》引唐本作「从八、丨見而八分之」。
〔註106〕李宗焜，《甲骨文字編》，下冊，頁931。
〔註107〕馬叙倫說，見：古文字詁林編纂委員會，《古文字詁林》，第一冊，頁625。

金文作「少」、「少」、「少」……等形，〔註108〕與甲骨文第一、二形略同。

《說文解字》云：

八，別也，从八、从刀；刀以分別物也。〔註109〕

「分」字小篆承襲甲骨文第一形之寫法，而此甲骨文第一形乃大篆之初文；故小篆「分」字之寫法，應屬於大篆系統。

（四）「品」字

甲骨文作「品」、「品」、「品」……等形，〔註110〕朱芳圃謂「以區从品證之，蓋象甌形」。〔註111〕竊以爲：「品」字所从之「口」蓋象吹管樂器之簧嘴形，如「吹」、「龠」等字是；「品」字本義當爲「排簫」類之樂器；〔註112〕後始借爲品物字。

金文作「品」或「品」，〔註113〕與甲骨文之前二形同。

《說文解字》云：

品，眾庶也，从三口。〔註114〕

「品」字小篆承襲甲骨文第一形之寫法，而此甲骨文第一形乃大篆之初文之一；故小篆「品」字之寫法，應屬於大篆系統。

（五）「卜」字

甲骨文作「卜」、「卜」、「卜」……等形，〔註115〕「象卜之兆，卜兆皆先有直坼而後出歧理」。〔註116〕

金文作「卜」或「卜」，〔註117〕與甲骨文之第一形略同。

《說文解字》云：

〔註108〕容庚，《金文編／金文續編》，第二·二，頁70。
〔註109〕丁福保，《說文解字詁林》，第二冊，頁983。
〔註110〕李宗焜，《甲骨文字編》，上冊，頁257。
〔註111〕見：古文字詁林編纂委員會，《古文字詁林》，第二冊，頁616。
〔註112〕今之閩南語猶稱笛子曰「品也」。
〔註113〕容庚，《金文編／金文續編》，第二·三一，頁128。
〔註114〕丁福保，《說文解字詁林》，第三冊，頁371。
〔註115〕李宗焜，《甲骨文字編》，下冊，頁1357。
〔註116〕羅振玉說，見：古文字詁林編纂委員會，《古文字詁林》，第三冊，頁711。
〔註117〕容庚，《金文編／金文續編》，第三·三八，頁207。

卜，灼剝龜也，象灸龜之形；一曰象龜兆之從橫也。〔註118〕

「卜」字小篆承襲甲骨文第三形之寫法，而此甲骨文第三形乃大篆之初文之一；故小篆「卜」字之寫法，應屬於大篆系統。

三、某字之大篆有兩種以上的寫法，其中一種爲小篆所承襲，則不爲小篆所承襲之大篆寫法，屬於大篆系統；而爲小篆所承襲之大篆寫法若非該字之初文，則此大篆之非初文，以及承襲大篆非初文寫法的小篆，皆屬於小篆系統。例如——

（一）「丂」字

甲骨文作「ㄗ」、「ㄐ」、「ㄑ」……等形，〔註119〕蓋象敲擊鐘鼓之槌形；戰國嵌銀紋銅壺上敲擊鐘磬者所持之槌，與甲骨文「丂」字類似。其後孳乳爲从攴、丂聲之「攷」字，動詞；經典中多以「考」爲「攷」，表敲擊義。〔註120〕

金文作「ㄐ」、「ㄟ」、「ㄔ」……等形，〔註121〕第一形與甲骨文略同，第二形將第二筆畫左右彎曲；第三形則於橫畫之上與曲畫中段各加一橫。

《說文解字》云：

丂，气欲舒出ㄅ上礙於一也。丂，古文以爲亏字，又以爲巧字。〔註122〕

「丂」字，甲骨文與金文之第一形皆屬於大篆系統；若金文之第二形以及《說文解字》之寫法刻意曲折中段筆畫以求茂美，則屬於小篆系統。

（二）「士」字

甲骨文作「土」〔註123〕或「士」，〔註124〕第一形郭沫若謂「爲牡器之象形」，〔註125〕本義爲雄性生殖器，故「去勢」本當作「去士」；而「壯」、「塇」

〔註118〕丁福保，《說文解字詁林》，第三冊，頁1293。
〔註119〕李宗焜，《甲骨文字編》，下冊，頁1354。
〔註120〕如：《詩‧唐風‧山有樞》：「子有鍾鼓，弗鼓弗考。」傳：「考，擊也」則以考老字爲「攷」。見：毛亨傳、鄭玄箋、孔穎達疏，《毛詩正義》，卷六，頁218。
〔註121〕容庚，《金文編／金文續編》，第五‧一二，頁287～288。
〔註122〕丁福保，《說文解字詁林》，第四冊，頁1244。
〔註123〕李孝定，《甲骨文字集釋》，第一，頁159。
〔註124〕古文字詁林編纂委員會，《古文字詁林》，第一冊，頁312。
〔註125〕李孝定，《甲骨文字集釋》，第一，頁159。

以「士」為形符，其取義皆與雄性或男人有關。第二形則於上方加一橫。

金文作「土」、「士」、「土」、「士」……等形，〔註126〕前兩形下方皆作肥筆；第三形則上橫短、下橫長，與小篆之「土」字相若；第四形與甲骨文第二形同。

《說文解字》云：

士，事也，數始於一，終於十，從一、十。孔子曰：「推十合一為士。」〔註127〕

「士」字甲骨文第一形以及金文前三形不為小篆所承襲，皆屬於大篆系統；若甲骨文第二形以及金文第四形為小篆所承襲，則皆屬於小篆系統。

（三）「元」字

甲骨文作「𠑶」或「兀」，〔註128〕第一形亦釋「兀」，倚「人」而畫「丁」（人頭），其本義為人首，如《孟子‧滕文公篇》所謂「勇士不忘喪其元」，趙岐注「元，首也」是。〔註129〕人頭本圓，惟為書寫方便，乃將表人頭的圓點改作橫畫；第二形則在橫畫之上加一橫。

金文作「𠑶」、「兀」、「元」、「元」……等形，〔註130〕第一形在「人」字頂端畫上表人頭的圓點，為「倚文畫物」之象形，當係「元」字之最初文；第二形與甲骨文第一形同；第三形與甲骨文第二形同；第四形於末畫中段加一短橫。

《說文解字》云：

元，始也，從一、兀聲。〔註131〕

《說文解字》所列「元」字篆文，乃承襲甲骨文第二形與金文第三形之寫法。故甲骨文第一形與金文第一、二形不為小篆所承襲，屬於大篆系統；若甲骨文第二形與金文第三形以及《說文解字》所列「元」字篆文，皆應屬於小篆系統。

〔註126〕容庚，《金文編／金文續編》，第一‧一二，頁55。

〔註127〕丁福保，《說文解字詁林》，第二冊，頁417。

〔註128〕李宗焜，《甲骨文字編》，上冊，頁22。

〔註129〕趙岐注、孫奭疏，《孟子注疏》，《十三經注疏》（臺北：藝文印書館，1976），第八冊，卷六上，頁107。

〔註130〕容庚，《金文編／金文續編》，第一‧一，頁33～34。

〔註131〕丁福保，《說文解字詁林》，第二冊，頁18。

（四）「帝」字

甲骨文作「𥝆」、「𥝆」、「𥝆」、「𥝆」……等形，〔註132〕蓋皆「象華蔕之形」，〔註133〕本義爲即「蒂」或「蔕」字初文。

金文作「𥝆」、「𥝆」、「𥝆」、「𥝆」、「𥝆」……等形，〔註134〕第一形「象華蔕之形」；其餘諸形則於首橫之上加一短橫。

《說文解字》云：

　　　𥝆，諦也，王天下之號，从二、朿聲。𥝆，古文帝。古文諸上字
　　　皆从一。〔註135〕

《說文解字》「帝」字小篆蓋承襲金文第五形。故「帝」字甲骨文各形與金文前四形固屬於大篆系統；若《說文解字》「帝」字，則屬於小篆系統。

（五）「牛」字

甲骨文作「𤙺」「𤙺」、「𤙺」……等形，〔註136〕象牛頭、角、耳之形。
金文作「𤙺」或「𤙺」。〔註137〕

《說文解字》云：

　　　𤙺，大牲也，牛件也，件事理也，象頭三，封尾之形。〔註138〕

「牛」字小篆承襲大篆中金文非初文之寫法，故甲骨文之「牛」字，固歸屬於大篆系統；而金文與小篆之「牛」字，則應歸屬於小篆系統。

四、某字之大篆無論有多少種寫法，其中一種被據以省改爲小篆。則大篆之所有寫法皆屬於大篆系統；而省改後之小篆屬於小篆系統。例如——

（一）「寀」字

甲骨文缺。

金文缺。

〔註132〕李宗焜，《甲骨文字編》，中冊，頁405。
〔註133〕戴家祥說，見：古文字詁林編纂委員會，《古文字詁林》，第1冊，頁56。
〔註134〕容庚，《金文編／金文續編》，第一・三，頁37～38。
〔註135〕丁福保，《說文解字詁林》，第二冊，頁41。
〔註136〕李宗焜，《甲骨文字編》，中冊，頁541～544。
〔註137〕容庚，《金文編／金文續編》，第二・五，頁76。
〔註138〕丁福保，《說文解字詁林》，第二冊，頁1033。

《說文解字》云：

　　審，悉也，知宋諦也，从宀、采。審，篆文宋从番。〔註139〕

　　按：「宋」當是从宀、采聲，「審」則从宀、番聲；二者皆爲形聲字。而據《說文解字》，「宋」爲古文，屬於大篆系統；「審」則爲篆文，屬於小篆系統。後者將前者之聲符由「采」改爲「番」，遂造成彼此之差異。

（二）「嘯」字

甲骨文缺。

金文缺，惟有一「肅」字。〔註140〕

《說文解字》云：

　　嘯，吹聲也，从口、肅聲。歗，籀文嘯从欠。〔註141〕

　　據《說文解字》，籀文「歗」字从欠、肅聲，屬於大篆系統；篆文「嘯」字从口、肅聲，屬於小篆系統。後者將前者之形符由「欠」改爲「口」，遂造成彼此之差異。

（三）「我」字

甲骨文作「𢎗」、「𢎗」、「𢎗」、「我」……等形，〔註142〕蓋皆象帶長柄且多齒之耙屬農具形，用以破塊平土，即「鋘」字初文。〔註143〕

金文作「我」、「我」、「我」……等形，〔註144〕皆爲甲骨文之訛變。

《說文解字》云：

　　我，施身自謂也，或說：我，頃頓也，从戈、手。手，古文垂也；
　　一曰古文殺字。……𢎗，古文我。〔註145〕

〔註139〕丁福保，《說文解字詁林》，第二冊，頁1023。

〔註140〕容庚，《金文編／金文續編》，第三·二九，頁189。

〔註141〕丁福保，《說文解字詁林》，第二冊，頁1194。

〔註142〕李宗焜，《甲骨文字編》，中冊，頁923。

〔註143〕《廣韻》：「鋘，鋤屬。」見：陳彭年等重修、余迺永校著，《互註校正宋本廣韻》（臺北：聯貫出版社，1974），頁66。按：鋤平刃，而鋘尖齒；雖同屬耕耘之農具，其形實大殊異。故《楚辭·九辨》：「圜鑿而方枘兮，吾固知其鉏鋘而難入。」集注：「鉏鋘，相距皃。」見：屈原等撰、朱熹集注，《楚辭集注》（臺北：華正書局，1974），頁230。意謂方枘之無法入圜鑿，猶如鋤頭與釘耙之相拒。

〔註144〕容庚，《金文編／金文續編》，第一二·二八，頁682～683。

〔註145〕丁福保，《說文解字詁林》，第十冊，頁347。

甲骨文與金文以及《說文解字》古文「我」字諸形，固皆屬於大篆系統；若《說文解字》「我」字篆文，乃自金文第三形省改而來，則屬於小篆系統。

（四）「朢」字

甲骨文作「🀆」、「🀆」、「🀆」、「🀆」……等形，〔註146〕第一形从人、从臣（象張目形）會意，表決皆遠望之義；其餘諸形則於人腳下加「土」爲形符。

金文作「🀆」、「🀆」、「🀆」、「🀆」、「🀆」、「🀆」……等形，〔註147〕第一形从人立於地上、从臣（象張目形）；第二、三形从人立於地上、从臣、从月，而「月」或象初月形，或於初月中加一短豎；第四形「臣」作「耳」，第五形「臣」作「亡」，蓋皆形近而訛；第六形則於人之腿處加一圓點。

《說文解字》云：

🀆，月滿也，與日相望，似朝君，从月、从臣、从𡈼，𡈼，朝廷也。

🀆，古文朢省。〔註148〕

又云：

🀆，出亡在外，望其還也，从亡、朢省聲。〔註149〕

《說文解字》以「朢」與「望」爲二字，蓋非。

甲骨文與金文「朢」字諸形皆屬於大篆系統；若《說文解字》「朢」字篆文，乃自金文第六形省改而來，而「望」字則自金文第五形省改而來，皆屬於小篆系統。

（五）「先」字

甲骨文作「🀆」、「🀆」、「🀆」、「🀆」、「🀆」……等形，〔註150〕前三形从止、人聲，後三形从之、人聲；其本義皆爲「足親地」，即「跣」字初文。〔註151〕

〔註146〕李宗焜，《甲骨文字編》，上冊，頁209～213。
〔註147〕容庚，《金文編／金文續編》，第八‧一一，頁493～494。
〔註148〕丁福保，《說文解字詁林》，第七冊，頁397。
〔註149〕丁福保，《說文解字詁林》，第十冊，頁377。
〔註150〕李宗焜，《甲骨文字編》，上冊，頁285～288。
〔註151〕丁福保，《說文解字詁林》，第三冊，頁344。

金文作「𣎜」、「𣎳」、「𣎴」、「𣎵」、「𣎶」……等形，〔註152〕皆从之、人聲。

《說文解字》云：

𣎷，前進也，从儿、从之。〔註153〕

甲骨文與金文「先」字各形固屬於大篆系統；若《說文解字》之「先」字篆文，乃自甲骨文後三形與金文省改而來，則屬於小篆系統。

第四節　所有書體皆各有其二篆系統

基於上述二篆系統判別知準據，大篆文字固多屬於大篆系統者，唯亦有屬於小篆系統者；反之，小篆文字固多屬於小篆系統者，唯亦有屬於大篆系統者。而篆書以下之隸書、草書、行書與楷書各種書體，其字形淵源或為大篆，或為小篆；故亦皆各有其二篆系統。

一、大篆之二篆系統

（一）大篆之專行大篆系統者

1、「丁」字

甲骨文作「●」、「○」「□」、「◇」……等形，〔註154〕第一形象人圓顱之形；第二形但畫人頭之圓形匡廓；第三形變圓形匡廓為方形；第四形則于變為六角形之匡廓中加點，而混同於「日」字。〔註155〕

金文作「●」、「■」、「▬」、「▮」「▢」、「▯」、「◉」……等形，〔註156〕第一形與甲骨文第一形同；第二至四形頭顱之形漸有訛變；第五、六形則但畫人頭之匡廓；第七形與日字混同。

《說文解字》云：

↑，夏時萬物皆丁實，象形。丁承丙，象人心。〔註157〕

〔註152〕容庚，《金文編／金文續編》，第八・二五〜二六，頁 522〜523。
〔註153〕丁福保，《說文解字詁林》，第七冊，頁 732。
〔註154〕李宗焜，《甲骨文字編》，中冊，頁 815。
〔註155〕李宗焜，《甲骨文字編》，中冊，頁 408。甲骨文「日」字亦有但畫太陽之匡廓而作一方形者。
〔註156〕容庚，《金文編／金文續編》，第一四・二三，頁 781。
〔註157〕丁福保，《說文解字詁林》，第十一冊，頁 631。

甲骨文、金文「丁」字，無論作實心或匡廓，皆無與小篆同者；故大篆「丁」字實專行大篆系統。

2、「以」字

甲骨文作「𢎨」、「𢎨」、「𢎨」、「𢎨」……等形，〔註158〕象翻土之農具形，本義爲「䇂也」，〔註159〕即「耜」字初文。

金文作「𢎨」、「𢎨」、「𢎨」，〔註160〕與甲骨文略同。

《說文解字》云：

　　𢎨，用也，从反巳，賈侍中說。己意已實也，象形。〔註161〕

3、「甲」字

甲骨文作「十」、「田」、「田」……等形，〔註162〕第一形作若「十」，象盾牌屬之防禦武器，其橫畫蓋由蓋由金文「戎」字所從之「甲」之肥筆圓點變化而來。〔註163〕其本義當爲「盾牌」，故「戎」字「卑」字（「牌」字初文）從之。第二、三形於「十」外加方形匡廓，蓋爲太甲之專字。〔註164〕

金文作「十」、「田」、「田」……等形，〔註165〕第一形作若「十」，其橫畫蓋由金文「戎」字所從之「甲」之肥筆圓點變化而來；第二、三形於「十」外加方形匡廓，蓋爲「父甲」、「兮甲」等人名專字。

《說文解字》云：

　　甲，東方之孟，陽气萌動，从木戴孚甲之象。一曰：人頭宜爲甲，甲象人頭。〔註166〕

〔註158〕李宗焜，《甲骨文字編》，上冊，頁19。

〔註159〕丁福保，《說文解字詁林》，第五冊，頁748。《說文解字》「耜」字从木。

〔註160〕容庚，《金文編／金文續編》，第一四・三五，頁805～806。

〔註161〕丁福保，《說文解字詁林》，第十一冊，頁768。

〔註162〕李宗焜，《甲骨文字編》，下冊，頁1325。

〔註163〕此自金文「戎」字所從之「甲」可證。見：容庚，《金文編／金文續編》，第一二・二六，頁677。

〔註164〕陳書農、于省吾、丁驌等人說，見：古文字詁林編纂委員會，《古文字詁林》，第十冊，頁935、937、938。

〔註165〕容庚，《金文編／金文續編》，第一四・二一，頁778～779。

〔註166〕丁福保，《說文解字詁林》，第十一冊，頁605。

4、「言」字

甲骨文作「ᗷ」、「ᗧ」、「ᗧ」、「ᗧ」……等形，〔註167〕从口辛聲，而辛之筆畫繁簡稍有不同。

金文作「ᗷ」、「ᗧ」，〔註168〕與甲骨文第三型略同。

《說文解字》云：

　　ᗷ，直言曰言，論難曰語，从口、辛聲。〔註169〕

甲骨文、金文等「言」字，未見如小篆之於上方加短橫者，〔註170〕故大篆「言」字實專行大篆系統。

5、「尊」字

甲骨文作「ᗷ」、「ᗷ」、「ᗷ」、「ᗷ」、「ᗷ」……等形，〔註171〕前三形倚廾而畫酒罈之形，唯酒罈筆畫之繁簡稍有不同；末二形則加阜，林義光謂「本尊卑之尊，多假為尊彝字。」〔註172〕

金文作「ᗷ」、「ᗷ」、「ᗷ」、「ᗷ」、「ᗷ」、「ᗷ」，〔註173〕前二形與甲骨文略同；第三、第四形「酉」改作「酋」；第五、第六形則於左旁加阜，與甲骨文末二形同。

《說文解字》云：

　　ᗷ，酒器也，从酋、廾以奉之。《周禮》：「六尊：犧尊、象尊、著

　　尊、壺尊、太尊、山尊，以待祭祀賓客之禮。」ᗷ，尊或从寸。〔註174〕

从「廾」之「尊」蓋源自甲骨文、金文等大篆从「寸」之「尊」，當改自大篆，乃小篆之寫法。大篆「尊」字雖寫法多樣，並無若小篆之从寸作者，故大篆「尊」字實專行大篆系統。

〔註167〕李宗焜，《甲骨文字編》，上冊，頁237。

〔註168〕容庚，《金文編／金文續編》，第三・四，頁140。

〔註169〕丁福保，《說文解字詁林》，第三冊，頁466。

〔註170〕金文从言之字，則或於「言」之上方加短橫，如〈余義鐘〉「語」字，〈毛公鼎〉「許」字，〈王孫鐘〉「誨」字……等是。見：容庚，《金文編》，第三・四，頁140～142。

〔註171〕李宗焜，《甲骨文字編》，下冊，頁1034～1035。

〔註172〕《古文字詁林編纂委員會》，第十冊，頁1200。

〔註173〕容庚，《金文編／金文續編》，第一四・二四，頁812。

〔註174〕丁福保，《說文解字詁林》，第十一冊，頁875。

（二）大篆之專行小篆系統者

（未見此類例字）

（三）大篆之兼行二篆系統者

1、「己」字

甲骨文作「」、「」、「」、「」……等形，〔註175〕象絲縷之形，本義爲「別絲」，即「紀」字初文。〔註176〕「弗」字从之。

金文作「」、「」、「」、「」……等形，〔註177〕前兩形與甲骨文第一、二形同；第三形筆畫變圓曲；第四形則末端筆畫延伸下垂，而爲小篆所本。

《說文解字》云：

，中宮也，象萬物辟藏詘形也。己承戊，象人腹。〔註178〕

大篆「己」字，甲骨文與金文前三形其下方筆畫皆橫平，屬於大篆系統；若金文第四形則末端筆畫延伸下垂，與小篆相同，屬於小篆系統。故大篆「己」字爲兼行二篆系統者。

2、「于」字

甲骨文作「」、「」、「」、「」……等形，〔註179〕第一形與第二形蓋象爵屬飲酒器之形，第三形與第四形當爲前二形之省。「于」字本義蓋爲「飲酒器」，即「盂」字或「杅」字初文。《史記・滑稽列傳》所謂「酒一盂」，〔註180〕原當作「酒一于」。《後漢書・明帝紀》「杅水脯糒」，注引《說文解字》曰：「杅，飲器也。」〔註181〕「杅」本所以盛酒而飲，此爲示儉，故但盛水而祭。其所謂「杅水」原當作「于水」。

金文作「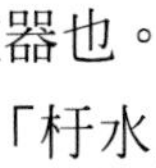」、「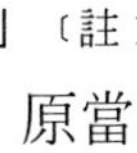」、「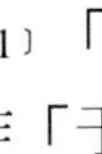」、「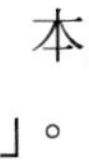」……等形，〔註182〕與甲骨文相同：第一形與第二形象爵屬飲酒器之形；第三形與第四形當爲前二形之省。而《古

〔註175〕李宗焜，《甲骨文字編》，下冊，頁1363。
〔註176〕丁福保，《說文解字詁林》，第十冊，頁535。
〔註177〕容庚，《金文編／金文續編》，第一三・九，頁784～785。
〔註178〕丁福保，《說文解字詁林》，第十一冊，頁646。
〔註179〕李宗焜，《甲骨文字編》，下冊，頁1359。
〔註180〕司馬遷著、裴駰集解、司馬貞索隱、張守節正義，《新校本史記三家注》，卷一百二十六，頁3198。
〔註181〕范曄著、李賢等注，《新校本後漢書》，卷二，頁124。
〔註182〕容庚，《金文編／金文續編》，第五・一四，頁291～292。

籀補》收齊侯壺「于」字，縱向筆畫未上穿第二橫畫，爲《說文解字》小篆「于」字之所本。

秦〈繹山刻石〉作「丂」，〔註183〕源自金文第四形。

《說文解字》云：

丂，於也，象气之舒于，从丂、从一。一者，其气平之也。〔註184〕

故大篆「于」字實兼行二篆系統。

3、「天」字

甲骨文作「𡗶」、「𡗗」、「𡗗」、「𡗗」、「𡗗」……等形，〔註185〕第一形倚「大」而畫人頭（丁）；第二形變人頭之圓形匡廓爲方形；第三形變人頭爲一橫；第四形於橫畫之上添加一橫；第五形則將中央豎畫延伸至最上一橫。「天」字本義蓋爲「頂也」，即「顛」字初文。〔註186〕

金文作「𡗗」、「𡗗」、「𡗗」、「𡗗」、「𡗗」、「𡗗」……等形，〔註187〕第一形蓋爲「天」字初文；第二形頭部與軀幹保留肥筆；第三形頭部與下肢保留肥筆；第四形僅頭部保留肥筆；第五形頭部變爲一橫畫；第六形於代表頭部的橫畫之上加一短橫。

《說文解字》云：

天，顛也，至高無上，从一、大。〔註188〕

「天」字甲骨文以及金文之第一、第二、第四形未爲小篆所承襲，屬於大篆系統；若甲骨文第三形與金文第五形則爲小篆淵源所自，屬於小篆系統。故大篆「天」字實兼行二篆系統。

4、「壬」字

甲骨文作「工」或「工」，〔註189〕，林義光謂「即滕字古文，機持經者

〔註183〕杜浩等，《嶧山碑》，頁11。

〔註184〕丁福保，《說文解字詁林》，第四冊，頁1264。

〔註185〕古文字詁林編纂委員會，《古文字詁林》，第一冊，頁17；李宗焜，《甲骨文字編》，上冊，頁63。

〔註186〕《說文解字》：「顛，頂也，从頁、眞聲。」見：丁福保，《說文解字詁林》，第七冊，頁882。

〔註187〕容庚，《金文編／金文續編》，第一·二，頁35～36。

〔註188〕丁福保，《說文解字詁林》，第二冊，頁25。

〔註189〕李宗焜，《甲骨文字編》，下冊，頁1147。

也，象形」。〔註190〕故「𡉈」字下从之。

金文作「工」、「玉」、「王」，〔註191〕第一形與甲骨文同；第二形於豎畫中央加點；第三形則變點爲短橫，而爲小篆所承襲。

《說文解字》云：

> 王，位北方也，陰極陽生，故《易》曰：「龍戰于野。」戰者，接也。象人褱妊之形，承亥壬以子，生之敘也。與巫同意。壬承辛，象人脛，脛，任體也。〔註192〕

故大篆「壬」字實兼行二篆系統。

5、「玉」字

甲骨文作「玉」、「羊」、「玉」、「王」……等形，〔註193〕象多玉之連；其玉，或三，或四，或五不等；其貫則或上穿或否。

金文作「玉」，〔註194〕爲小篆所承襲。

《說文解字》云：

> 玉，石之美有五德，潤澤以溫，仁之方也；理自外可以知中，義之方也；其聲舒揚，專以遠聞，智之方也；不撓而折，勇之方也；銳廉而不忮，絜之方也。象三玉之連，丨，其貫也。〔註195〕

故大篆「玉」字實兼行二篆系統。

二、小篆之二篆系統

（一）小篆之專行大篆系統者

1、「久」字

甲骨文作「弓」或「弓」，〔註196〕象斗形，與「斗」爲一字。

金文作「弓」，〔註197〕亦象斗形，唯於斗柄處加一短橫。

〔註190〕古文字詁林編纂委員會，《古文字詁林》，第十冊，頁1050。
〔註191〕容庚，《金文編／金文續編》，第一四・二八，頁792。
〔註192〕丁福保，《說文解字詁林》，第十一冊，頁677。
〔註193〕李宗焜，《甲骨文字編》，下冊，頁928。
〔註194〕容庚，《金文編／金文續編》，第一・一○，頁52。
〔註195〕丁福保，《說文解字詁林》，第二冊，頁227。
〔註196〕李宗焜，《甲骨文字編》，下冊，頁1282。
〔註197〕容庚，《金文編／金文續編》，第一四・九，頁754。

《說文解字》云：

〇，从後灸之，象人兩脛後有距。《周禮》曰：「久諸牆，以觀其橈。」
〔註198〕

小篆「久」字亦象斗形，與甲骨文及金文大篆無異，故屬於大篆系統。即許慎《說文解字》書中之小篆「其不云古文作某、籀文作某者」。

2、「丌」字

甲骨文缺。

金文作「〇」、「〇」、「〇」……等形，〔註199〕第一形蓋象「薦物之丌」形；第二形下方兩縱向筆畫與上橫分離；第三形則於橫畫之上加一短橫。

《說文解字》云：

丌，下基也，薦物之丌，象形。〔註200〕

小篆「丌」字，與金文第一形同，為小篆文字中之專行大篆系統者。

3、「大」字

甲骨文作「〇」、「〇」、「〇」……等形，〔註201〕皆「象人正立之形」，〔註202〕本義應為「人」。〔註203〕第一形作肥筆，蓋為「大」字初文；第二形清楚顯示手肘與膝關節；第三形則手臂與腿並簡化為斜畫。

金文作「〇」、「〇」、「〇」、「〇」……等形，〔註204〕前兩形與甲骨文略同；第三形人之雙臂作一橫，與隸書、楷書等相同；第四形上下各作左右兩斜畫，與楚簡等文字相同。

《說文解字》云：

大，天大、地大、人亦大，故大象人形，古文大也。〔註205〕

〔註198〕丁福保，《說文解字詁林》，第五冊，頁450。
〔註199〕容庚，《金文編／金文續編》，第五・七，頁278。
〔註200〕丁福保，《說文解字詁林》，第四冊，頁1162。
〔註201〕李宗焜，《甲骨文字編》，上冊，頁61～62。
〔註202〕容庚，《金文編／金文續編》，卷一〇・八，頁581。
〔註203〕《管子・法法篇》：「故民未可與慮始，而可與樂成功；是故仁者、知者、有道者，不與大慮始。」尹知章注：「大，眾也。」按：大，人也；即上文所謂之「民」。而元版《管子》「大」正作「人」，見：安井衡，《管子纂詁》（臺北：河洛圖書出版社，1976），卷六，頁80。此蓋「大」字作為本義用法之僅見例。
〔註204〕容庚，《金文編／金文續編》，第一〇・八，頁581～582。
〔註205〕丁福保，《說文解字詁林》，第八冊，頁919。

小篆「大」字，源自甲骨文第二形與金文第二形，故《說文解字》謂爲「古文大也」，屬於大篆系統。

4、「亦」字

甲骨文作「」、「」、「」……等形，〔註206〕前二形从大（象人正面站立之形）、从兩短斜畫以點記臂腋之所在，李孝定謂「於六書爲指事」，〔註207〕即「腋」字初文；第三形僅一短斜畫，蓋爲第一形之省。

金文作「」、「」、「」……等形，〔註208〕皆从大、从兩斜畫以點記臂腋之所在，而彼此間筆畫或有小異。

《說文解字》云：

，人之臂亦也，从大、象兩亦之形。〔註209〕

小篆「亦」字，从「古文大」，與甲骨文第一形及金文大篆無異，故屬於大篆系統。

5、「巠」字

甲骨文缺。

金文作「」或「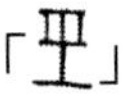」，〔註210〕从三縱絲、从壬（象絲架形），本義爲「織也」，即「經」字初文。〔註211〕

《說文解字》云：

，水脈也，从川在一下，一，地也，省聲。，古文巠不省。〔註212〕

蓋誤以縱絲爲「川」。

小篆「巠」字，其下所从之「壬」作若「工」，實源自金文，故屬於大篆系統。

〔註206〕李宗焜，《甲骨文字編》，上冊，頁70～72。
〔註207〕李孝定，《甲骨文字集釋》，第十，頁3212。
〔註208〕容庚，《金文編／金文續編》，第一〇・九，頁584。
〔註209〕丁福保，《說文解字詁林》，第八冊，頁945。
〔註210〕容庚，《金文編／金文續編》，第一一・五，頁612。
〔註211〕丁福保，《說文解字詁林》，第十冊，頁527。
〔註212〕丁福保，《說文解字詁林》，第九冊，頁675。

（二）小篆之專行小篆系統者

1、「土」字。

甲骨文作「」、「」、「」、「」，〔註213〕竊以爲：倚一（象製陶轉盤之形）而畫已揉練之陶土團；第一形之陶土團刻畫其外廓，其餘三形則並加水滴於土團之上。

金文作「」、「」、「」……等形，〔註214〕與甲骨文第一形構造相同；唯土團作實心。

《說文解字》云：

，地之土生物者也，二象地之下、地之中，丨，物出形也。〔註215〕

小篆「土」字陶土團演化爲若「十」之形，已不易辨識其所象之物形。

小篆从寸諸字，大篆蓋皆从又或廾。如：寺、封、射、專、尊、尋、對。

2、「才」字

甲骨文作「」、「」、「」、「」、「」……等形，〔註216〕第一形蓋倚一（地也）而畫甫自種子萌芽之植物幼苗；其本義爲「艸木之初也」，讀若「栽」。〔註217〕後人亦以「栽」爲「才」，如：唐·杜甫〈憑韋少府覓松子樹栽〉所謂「欲存老蓋千年意，爲覓霜根數寸栽」，〔註218〕「數寸栽」即數寸苗。其餘諸形則爲第一形之變。

金文作「」、「」、「」、「」、「」、「」、「」……等形，〔註219〕前三形皆倚一（地也）而畫甫自種子萌芽之植物幼苗，與甲骨文第一形同；第四至六形但畫種子之框廓；最末一形則與「十」字混同。

《說文解字》云：

〔註213〕李宗焜，《甲骨文字編》，中冊，頁439～440。

〔註214〕容庚，《金文編／金文續編》，第一三·一〇，頁720。

〔註215〕丁福保，《說文解字詁林》，十冊，頁1086。

〔註216〕李宗焜，《甲骨文字編》，下冊，頁1342～1344。

〔註217〕李宗焜《甲骨文字編》將「才」字注音爲ㄗㄞ，見：該書「檢索附錄」冊，頁1684、1790。

〔註218〕彭定求等，《全唐詩》，卷二百二十六，頁2448。「覓松樹子栽」原題作「覓松樹子」；惟此詩前後有「覓桃栽」、「覓榿木栽」、「覓果栽」三首詩，故依楊倫《杜詩鏡銓》（臺北：正大印書館，1974），卷七，頁527改。

〔註219〕容庚，《金文編／金文續編》，第六·一四，頁359～360。

「才」，艸木之初也，从｜上貫一，將生枝葉，一，地也。〔註220〕

小篆「才」字將原象種子之點改爲一橫，而與大篆諸形有別，屬於小篆系統。

3、「回」字

甲骨文缺。

金文作「回」，〔註221〕象淵水迴轉之形，其本義。當爲淵水，故孔子之高弟顏回，表字子淵；而小篆「沒」字右上亦从「回」。〔註222〕

《說文解字》云：

「回」，轉也，从口、中象回轉之形。〔註223〕

小篆「回」字已較抽象化，不如大篆之肖似。

4、「寺」字

甲骨文缺，

金文作「寺」、「寺」、「寺」……等形，〔註224〕前二形从又、之聲，第三形从寸、之聲，本義當爲「握也」，即「持」字初文。〔註225〕

石鼓文作「寺」，〔註226〕从寸、之聲。

《說文解字》云：

「寺」，廷也，有法度者也，从寸、之聲。〔註227〕

小篆「寺」字之形符由「又」改作「寸」，源自金文第三形以及石鼓文之寫法，爲小篆文字中之專行小篆系統者。

5、「雨」字

甲骨文作「雨」、「雨」、「雨」、「雨」、「雨」、「雨」……等形，〔註228〕第一形像雨滴下降之形；第二、第三形家橫畫表天空；第四形表天空之橫畫

〔註220〕丁福保，《說文解字詁林》，第五冊，頁987。
〔註221〕容庚，《金文編／金文續編》，第六・一五，頁369。
〔註222〕丁福保，《說文解字詁林》，第九冊，頁462。
〔註223〕丁福保，《說文解字詁林》，第五冊，頁1098。
〔註224〕容庚，《金文編／金文續編》，第三・三二，頁195。
〔註225〕《說文解字》：「持，握也，从手、寺聲。」見：丁福保，《說文解字詁林》，第九冊，頁1158。
〔註226〕二玄社，《周石鼓文》，頁12。
〔註227〕丁福保，《說文解字詁林》，第三冊，頁1155。
〔註228〕李宗焜，《甲骨文字編》，中冊，頁423～429。

與上排雨滴相連；第五形在表天空之橫畫之上加一短橫；第六形則降雨之天作若覆口形。

金文作「􀀀」或「􀀀」，〔註229〕蓋爲甲骨文第二、三形之訛變。

《說文解字》云：

􀀀，水从雲下也，一象天，冂象雲水霝其間也。〔註230〕

小篆「雨」字於金文原本象天之橫畫之上再加一橫，屬於小篆系統。

（三）小篆之兼行二篆系統者

1、「白」字

甲骨文作「􀀀」、「􀀀」、「􀀀」……等形，〔註231〕皆象人手大拇指之形，本義爲「大指」，即「擘」字初文；〔註232〕而第三形上端增出一短豎畫。「樂」字上段中央从「白」，即以大拇指代表撥弦之手指。

金文作「􀀀」，〔註233〕爲《說文解字》小篆所本。

秦〈泰山刻石〉作「􀀀」，〔註234〕源自甲骨文第一形。

《說文解字》云：

􀀀，西方色也，陰用事，物色白，从入合二，二，陰數也。〔註235〕

小篆「白」字，秦〈泰山刻石〉源自甲骨文第一形，屬於大篆系統；《說文解字》則源自金文，屬於小篆系統。

2、「受」字

甲骨文作「􀀀」、「􀀀」、「􀀀」、「􀀀」……等形，〔註236〕第一形从二手、从凡；其餘則皆从二手、从舟。明義士謂「受」字「象一人以手付盤盂，一人以手承受之形」；〔註237〕李孝定謂「舟實槃之象形」。〔註238〕

〔註229〕容庚，《金文編／金文續編》，第一一‧八，頁618。

〔註230〕丁福保，《說文解字詁林》，第九冊，頁739。

〔註231〕李宗焜，《甲骨文字編》，上冊，頁378。

〔註232〕《爾雅‧釋魚》：「蝮虺博三寸，首大如擘。」《釋文》：「案：郭注《三蒼》云：『擘，大指也。』」見：郭璞注、刑昺疏，《爾雅注疏》，卷九，頁167～168。

〔註233〕容庚，《金文編／金文續編》，第四‧五，頁224。

〔註234〕二玄社，《秦泰山刻石／瑯邪臺刻石》，頁30。

〔註235〕丁福保，《說文解字詁林》，第六冊，頁1091。

〔註236〕李宗焜，《甲骨文字編》，下冊，頁1231。

〔註237〕古文字詁林編纂委員會，《古文字詁林》，第四冊，頁349。

〔註238〕李孝定，《金文詁林讀後記》，卷四，頁153。

金文作「⿰」、「⿰」、「⿰」、「⿰」、「⿰」……等形，〔註239〕前三形皆從二手、從舟；第四形下方隻手改作寸；第五形則加口。

〈新嘉量銘〉等作「⿰」，〔註240〕從二手、從凡

《說文解字》云：

⿰，相付也，從受、舟省聲。〔註241〕

按：小篆「受」字，〈新嘉量銘〉等之組成元素與甲骨文第一形同，屬於大篆系統；《說文解字》則「從舟省聲」，屬於小篆系統。

3、「皇」字

甲骨文缺。

金文作「⿰」、「⿰」、「⿰」、「⿰」、「⿰」、「⿰」……等形，〔註242〕蓋皆從日光、王聲，而日光與王之筆畫各有繁簡不同。本義當為「煇也」，即「煌」字初文。〔註243〕

秦〈泰山刻石〉作「皇」，〔註244〕字上若「白」，源自金文。

《說文解字》云：

皇，大也，從自、王。自，始也；始王者三皇，大君也。自讀若鼻，

今俗以作始生子為鼻子是。〔註245〕

小篆「皇」字，秦〈泰山刻石〉源自金文，屬於大篆系統；《說文解字》上段作「自」，屬於小篆系統。

4、「高」字

甲骨文作「⿰」、「⿰」、「⿰」、「⿰」……等形，〔註246〕前兩形象高臺之形；末二形則加口於下方，以作為聲符。

金文作「⿰」、「⿰」、「⿰」與甲骨文末二形略同。〔註247〕

〔註239〕容庚，《金文編／金文續編》，第四・一七，頁248。

〔註240〕容庚，《金文編／金文續編》，第四，頁1323。

〔註241〕丁福保，《說文解字詁林》，第四冊，頁571。

〔註242〕容庚，《金文編／金文續編》，第一・九，頁49～52。

〔註243〕丁福保，《說文解字詁林》，第八冊，頁810。

〔註244〕二玄社，《秦泰山刻石／瑯邪臺刻石》，頁4、11、20、22、23。

〔註245〕丁福保，《說文解字詁林》，第二冊，頁220。

〔註246〕李宗焜，《甲骨文字編》，中冊，頁739～740。

〔註247〕容庚，《金文編／金文續編》，第五・三三，頁329。

秦〈繹山刻石〉作「髙」，〔註248〕

《說文解字》云：

　髙，崇也，象臺觀之形，从冂、口，與倉、舍同意。〔註249〕

小篆「高」字，秦〈繹山刻石〉之寫法，源自金文第四形，屬於大篆系統；《說文解字》之寫法則自金文省改，屬於小篆系統。

5、「詠」字

甲骨文缺。

金文作「永」，〔註250〕从口、永聲。

《說文解字》云：

　詠，歌也，从言、永聲。咏，詠或从口。〔註251〕

按：小篆「詠」字有兩種寫法，从口者源自金文，屬於大篆系統；其後因「口」「言」事類相通，故《說文解字》改从言，屬於小篆系統。

三、隸書之二篆系統

（一）隸書之專行大篆系統者

1、「平」字

甲骨文缺。

金文作「于」、「㞢」、「夆」……等形。〔註252〕蓋皆从于、八聲，而筆畫之繁簡有異。「于」蓋爲「盂」字初文，本象爵屬酒器之形；亦作爲盛水器之名，孔子所謂「盂方水方」是。〔註253〕「平」字以「于」爲形符，本義當爲水之均準；如「平準」是。〔註254〕

〔註248〕馮雲鵬、馮雲鵷編著，《金石索》，下冊，頁1006

〔註249〕丁福保，《說文解字詁林》，第五冊，頁218。

〔註250〕容庚，《金文編／金文續編》，第三・六，頁144。

〔註251〕丁福保，《說文解字詁林》，第3冊，頁580。

〔註252〕容庚，《金文編／金文續編》，第五・一五，頁293。

〔註253〕《韓非子・外儲說左上》：「孔子曰：『爲人君者猶盂也，民猶水也；盂方水方，盂圓水圓。』」見：韓非著，陳奇猷校注，《韓非子集釋》（臺北：河洛圖書出版社，1974），卷十一，頁661。

〔註254〕《宋史・天文志》：「銅儀之制有九，……五曰平準輪，在水臬之上。」見：脫脫等撰，楊家駱識語，《新校本宋史》（臺北：鼎文書局，1980），卷四十八，頁953。

《說文解字》云：

　　𠀐，語平舒也，从亏、从八，八，分也。爰礼説。〔註255〕

　　隸書「平」字，漢・〈北海相景君碑〉等皆作「平」，〔註256〕中央作一豎，其首端與上橫搭連，源自金文大篆之寫法，屬於大篆系統。

　　2、「食」字

　　甲骨文作「𩙿」、「𩙿」、「𩙿」、「𩙿」、「𩙿」……等形，〔註257〕皆从亼（象覆口形）、从皀之初文，本義當爲攝取食物。而筆畫之繁簡有異。若第四、第五形所加於左右之點，應係食物之汁液或碎屑。

　　金文作「𩙿」或「𩙿」，〔註258〕亦皆从亼、从皀之初文。

　　《說文解字》云：

　　　食，一米也，从皀、亼聲。或説：亼皀也。〔註259〕

　　隸書「食」字，漢・〈元嘉元年畫像石〉、〈白石神君碑〉作「食」，〈袁博碑〉、〈封龍山頌〉作「食」〔註260〕，「皀」之上方無短豎，源自甲骨文、金文等大篆之寫法，屬於大篆系統。

　　3、「涼」字

　　甲骨文缺。

　　金文缺。

　　《說文解字》云：

　　　涼，薄也，从水、京聲。〔註261〕

　　隸書「涼」字，漢・〈石門頌〉等皆作「涼」，〔註262〕前者右旁「京」之中段若「日」，源自甲骨文與金文之寫法，〔註263〕屬於大篆系統。

〔註255〕丁福保，《説文解字詁林》，第4冊，頁1272。

〔註256〕李靜，《隸書字典》，頁194～195。

〔註257〕李宗焜，《甲骨文字編》，下冊，頁1073～1074。

〔註258〕容庚，《金文編／金文續編》，第五・二六，頁316。

〔註259〕丁福保，《説文解字詁林》，第五冊，頁54。

〔註260〕李靜，《隸書字典》，頁568。

〔註261〕丁福保，《説文解字詁林》，第九冊，頁556。

〔註262〕李靜，《隸書字典》，頁320。

〔註263〕參見：本書前言之四之三。

4、「卿」字

甲骨文作「（甲骨字形）」、「（甲骨字形）」、「（甲骨字形）」……等形，〔註264〕皆从二人相向跪坐於簋之左右，第三形則二人並皆張口，本義當爲「以酒食勞人」，即「饗」字初文。〔註265〕

金文作「（金文字形）」、「（金文字形）」、「（金文字形）」、「（金文字形）」、「（金文字形）」……等形，容庚謂「象兩人相向就食之形」。〔註266〕兩人之間或从簋，或从食。

《說文解字》云：

（篆字），章也，六卿：天官冢宰、地官司徒、春官宗伯、夏官司馬、秋官司寇、冬官司空，从卯、皀聲。〔註267〕

隸書「卿」字，漢・〈武梁祠刻石〉作「（隸字）」，〈乙瑛碑〉作「（隸字）」，〔註268〕中央上方均無短豎，源自甲骨文、金文等大篆之寫法，屬於大篆系統。

5、「曾」字

甲骨文作「（甲骨字形）」、「（甲骨字形）」、「（甲骨字形）」、「（甲骨字形）」……等形，〔註269〕前兩形上从八；後兩形上从北。

金文作「（金文字形）」、「（金文字形）」、「（金文字形）」、「（金文字形）」……等形，〔註270〕下方加口或甘。

《說文解字》云：

（篆字），詞之舒也，从八、从曰、田聲。〔註271〕

隸書「曾」字，漢・〈鮮于璜碑〉等作「（隸字）」，〔註272〕中段「口」中作一橫，源自甲骨文、金文等大篆之寫法，屬於大篆系統。

〔註264〕李宗焜，《甲骨文字編》，下冊，頁1080。

〔註265〕《儀禮・士昏禮》：「舅姑共饗婦，以一獻之禮。」注：「以酒食勞人曰饗。」見：鄭玄注、賈公彥等疏，《儀禮注疏》，《十三經注疏》（臺北：藝文印書館，1976），第四冊，卷五，頁55。若《說文解字》所謂「鄉人飲酒」則僅爲「饗」字之一義，恐係囿於「从鄉」所致。

〔註266〕容庚，《金文編／金文續編》，第九・一〇，頁545～547。

〔註267〕丁福保，《說文解字詁林》，第七冊，頁1122。

〔註268〕李靜，《隸書字典》，頁83～84。

〔註269〕李宗焜，《甲骨文字編》，中冊，頁827。

〔註270〕容庚，《金文編／金文續編》，第二・二，頁70。

〔註271〕丁福保，《說文解字詁林》，第二冊，頁986。

〔註272〕李靜，《隸書字典》，頁275。

（二）隸書之專行小篆系統者

1、「乃」字

甲骨文作「𠄎」、「𠄎」、「𠄎」……等形，〔註273〕蓋象婦人雙乳之形，本義爲「乳」，即「嬭」字初文，〔註274〕後世作「奶」。〔註275〕

金文作「𠄎」、「𠄎」、「𠄎」……等形，〔註276〕與甲骨文略同。

秦始皇帝石權銘等作「𠄎」，〔註277〕與甲骨文第二形近似。

《說文解字》云：

　　𠄎，曳詞之難也，象气之出難。𠄎，古文乃。𠄎，籀文乃。〔註278〕

隸書「乃」字，漢〈北海相景君碑〉作「乃」，〈禮器碑〉等作「乃」，〔註279〕源自秦權量銘，屬於小篆系統。

2、「十」字

甲骨文作「丨」或「丨」，〔註280〕象棒槌之形，本義爲「槌」，即「植」字初文。〔註281〕故「直」字以「十」爲聲符，讀作业ˊ。

金文作「丨」、「丨」、「丨」、「十」……等形，〔註282〕前兩形與甲骨文同；第三形則棒槌中段粗處變爲圓點；第四形則又將圓點改作短橫。

《說文解字》云：

　　十，數之具也，一爲東西，丨爲南北，則四方中央備矣。〔註283〕

隸書「十」字，漢・〈鮮于璜碑〉等皆作「十」，〔註284〕源自金文第四

〔註273〕李宗焜，《甲骨文字編》，下冊，頁1005。

〔註274〕《廣韻》：「嬭，乳也。」見：陳彭年等重修、余迺永校著，《互註校正宋本廣韻》，卷三，頁270。

〔註275〕《正字通》：「「嬭，舊註音乃，乳也。……，俗……改作奶。」見：張自烈編、廖文英補，《正字通》（北京：國際文化出版公司，1996），丑集下，頁330。

〔註276〕容庚，《金文編／金文續編》，第五・一一，頁285～286。

〔註277〕二玄社，《秦權量銘》（東京，1979），頁7。

〔註278〕丁福保，《說文解字詁林》，第四冊，頁1234。

〔註279〕李靜，《隸書字典》，頁13。

〔註280〕李宗焜，《甲骨文字編》，下冊，頁1318。

〔註281〕《博雅》：「植，槌也。」見：張玉書等撰、渡部溫訂正、嚴一萍校正，《校正康熙字典》（臺北：藝文印書館，1973），上冊，頁1214引。

〔註282〕容庚，《金文編／金文續編》，第三・二，頁136～137。

〔註283〕丁福保，《說文解字詁林》，第三冊，頁448。

〔註284〕李靜，《隸書字典》，頁84～85。

形與《說文解字》篆文，屬於小篆系統。

3、「安」字

甲骨文作「⿰」、「⿰」、「⿰」、「⿰」、「⿰」、「⿰」……等形，〔註285〕前兩形从宀、从女，女後加表紉席之筆畫；第三至五形所加之筆畫或為二，或為三，而位置亦有所不同；第六形則但从宀、从女。

金文作「⿰」、「⿰」、「⿰」、「⿰」……等形，〔註286〕前二形从宀、从女，女後加表紉席之筆畫；第三形宀改作厂；第四形則但从宀、从女。

石鼓文作「⿰」，〔註287〕从宀、从女，女後加表紉席之筆畫。

《說文解字》云：

⿰，靜也，从女在宀下。〔註288〕

隸書「安」字，漢·〈鮮于璜碑〉等皆作「安」，〔註289〕但「从女在宀下」，而無紉席，源自甲骨文第六形與金文第五形以及《說文解字》小篆，屬於小篆系統。

4、「辛」字

甲骨文作「⿰」、「⿰」、「⿰」、「⿰」、「⿰」……等形，〔註290〕前兩形蓋象「鑿具」之形，即「鐫」字與「鐵」字初文。〔註291〕第三、第四兩形各於橫畫之上加一橫畫；第五形則畫出鑿具所以插入地中之足。

金文作「⿰」、「⿰」、「⿰」、「⿰」、「⿰」、「⿰」、「⿰」、「⿰」……等形，〔註292〕前三形為初期之象形文字，其餘諸形則筆畫迭有演化；而最末一形則為小篆所本。

《說文解字》云：

⿰，秋時萬物成而孰，金剛味辛，辛痛即泣出，从一、从。辛，辠

〔註285〕李宗焜，《甲骨文字編》，中冊，頁770～771。

〔註286〕容庚，《金文編／金文續編》，第七·二五，頁441。

〔註287〕二玄社，《周石鼓文》，頁21。

〔註288〕丁福保，《說文解字詁林》，第六冊，頁669。

〔註289〕李靜，《隸書字典》，頁133。

〔註290〕李宗焜，《甲骨文字編》，下冊，頁982～985。

〔註291〕詹鄞鑫說，見：古文字詁林編纂委員會，《古文字詁林》，第十冊，頁1030。

〔註292〕容庚，《金文編／金文續編》，第一四·二七，頁789～791。

也，辛承庚，象人股。〔註293〕

隸書「辛」字，漢‧〈三老諱字忌日碑〉等皆作「辛」，〔註294〕源自金文最末一形以及《說文解字》小篆，惟在下段第二橫之下加一橫畫，屬於小篆系統。

5、「射」字

甲骨文作「射」、「射」、「射」、「射」、「射」、「射」、「射」、「射」……等形，〔註295〕前四形均从矢搭於弓上；第五、第六形从又（象右手之形）、从矢搭於弓上；末兩形則从廾（象左右雙手之形）、从矢搭於弓上。本義當爲「以弓弩矢射物」。〔註296〕

金文作「射」、「射」、「射」、「射」……等形，〔註297〕前兩形从矢搭於弓上；後兩形則从又、从矢搭於弓上。

《說文解字》云：

射，弓弩發於身而中於遠也，从矢、从身。射，篆文　从寸，寸，法度也，亦手也。〔註298〕

篆文「射」字左旁之「身」實爲「弓」與「矢」之訛變；「从寸」則爲「又」之衍化。

隸書「射」字，漢‧〈鮮于璜碑〉等皆作「射」，〔註299〕从身、从寸，源自《說文解字》篆文，屬於小篆系統。

（三）隸書之兼行二篆系統者

1、「七」字

甲骨文作「十」，〔註300〕蓋从丨、从一（象刀面形）橫斷之，本義爲

〔註293〕丁福保，《說文解字詁林》，第十一冊，頁661。
〔註294〕二玄社，《漢刻石八種》（東京，1981），頁39（2）。餘見：李靜，《隸書字典》，頁520；禚效鋒等，《漢隸魏碑字典》，頁484。
〔註295〕李宗焜，《甲骨文字編》，下冊，頁947～951。
〔註296〕見：張玉書等撰、渡部溫訂正、嚴一萍校正，《校正康熙字典》，上冊，頁677引《增韻》。
〔註297〕容庚，《金文編／金文續編》，第五‧三一，頁325～326。
〔註298〕丁福保，《說文解字詁林》，第五冊，頁198。
〔註299〕李靜，《隸書字典》，頁164。
〔註300〕李宗焜，《甲骨文字編》，下冊，頁1325。

「刌」，即「切」字初文。〔註301〕

　　金文作「十」、「十」、「十」……等形，〔註302〕第一形橫畫與豎畫相當；後兩形則橫畫與豎畫互有長短。

　　《說文解字》云：

　　　　七，陽之正也，从一，微陰从中衺出也。〔註303〕

　　隸書「七」字，漢・〈乙瑛碑〉等作「十」，〔註304〕〈曹全碑〉等作「七」，〔註305〕前者源自甲骨文金文，屬於大篆系統；後者源自《說文解字》篆文，屬於小篆系統。

　　2、「公」字

　　甲骨文作「公」或「公」，〔註306〕从八（象雙臂形）、宮省聲；本義應爲「手大臂」，即「肱」字初文。〔註307〕

　　金文作「公」、「公」、「公」、「公」、「公」……皆从八、宮省聲，宮之下方或作一圓，或作二圓，或於一圓中加點。〔註308〕

　　《說文解字》云：

　　　　公，平分也，从八、从厶；八，猶背也。韓非曰：「背厶爲公。」〔註309〕

　　隸書「公」字，漢・〈熹平石經殘石〉作「公」，〈史晨碑〉等作「公」，〈乙瑛碑〉等作「公」，〈樊敏碑〉作「公」，〔註310〕第一、第二兩形下方若「口」，源自甲骨文；第三形下方作三角形，蓋爲第一形之小訛，此三形皆屬於大篆系統。第四形下方明作「厶」，源自《說文解字》篆文，屬於小篆系統。

〔註301〕《說文解字》：「切，刌也，从刀、七聲。」丁福保，《說文解字詁林》，第四冊，頁845。

〔註302〕容庚，《金文編／金文續編》，第一四・一七，頁769。

〔註303〕丁福保，《說文解字詁林》，第十一冊，頁572。

〔註304〕二玄社，《漢乙瑛碑》（東京，1980），頁23、25。李靜，《隸書字典》頁84，將〈乙瑛碑〉之「七」字誤收爲「十」字。

〔註305〕李靜，《隸書字典》，頁2。

〔註306〕李宗焜，《甲骨文字編》，下冊，頁1331。

〔註307〕丁福保，《說文解字詁林》，第三冊，頁1001。

〔註308〕容庚，《金文編／金文續編》，第二・三～二・四，頁71～73。

〔註309〕丁福保，《說文解字詁林》，第二冊，頁1006。

〔註310〕李靜，《隸書字典》，頁54～55。

3、「酉」字

甲骨文作「⿱」、「⿱」、「⿱」、「⿱」、「⿱」、「⿱」、「⿱」……等形，〔註311〕皆象酒罈之形，而筆畫繁簡有異。

金文作「⿱」、「⿱」、「⿱」、「⿱」、「⿱」……等形〔註312〕，亦皆象酒罈之形，而筆畫繁簡有異。

《說文解字》云：

⿱，就也，八月黍成可爲酎酒，象古文酉之形。〔註313〕

隸書「酉」字，漢・〈乙瑛碑〉等作「酉」，〈韓仁銘〉作「酉」，〔註314〕前者源自甲骨文與金文，屬於大篆系統；後者源自《說文解字》篆文，屬於小篆系統。

4、「孟」字

甲骨文作「⿱」或「⿱」，〔註315〕第一形从廾从子从皿，第二形从廾从子从口。

金文作「⿱」、「⿱」、「⿱」、「⿱」……等形，〔註316〕前三形从子从皿；第四形从子从血。

《說文解字》云：

⿱，長也，从子、皿聲。⿱，古文孟。〔註317〕

隸書「孟」字，漢・〈石門頌〉等作「孟」，〈禮器碑〉等作「孟」，〔註318〕前者源自金文第一形以及《說文解字》古文，屬於大篆系統；後者源自金文第三形以及《說文解字》篆文，屬於小篆系統。

5、「官」字

甲骨文作「⿱」、「⿱」、「⿱」……等形，〔註319〕皆从宀、从，本義

〔註311〕李宗焜，《甲骨文字編》，下冊，頁1026。
〔註312〕容庚，《金文編／金文續編》，第一四・三六，頁808～809。
〔註313〕丁福保，《說文解字詁林》，第十一冊，頁792。
〔註314〕李靜，《隸書字典》，頁522。
〔註315〕李宗焜，《甲骨文字編》，上冊，頁183～184。
〔註316〕容庚，《金文編／金文續編》，第一四・三二，頁799～800。
〔註317〕丁福保，《說文解字詁林》，第十一冊，頁706。
〔註318〕李靜，《隸書字典》，頁161。
〔註319〕李宗焜，《甲骨文字編》，下冊，頁1182。

爲「朝廷治事之處」，如：《禮記・玉藻》云：「在官不俟屨。」是。〔註320〕

金文作「（圖）」、「（圖）」、「（圖）」……與甲骨文略同。〔註321〕

《說文解字》云：

（篆），吏事君也，从宀、𠂤，𠂤猶眾也。〔註322〕

隸書「官」字，漢・〈孔彪碑〉等作「官」，〈尹宙碑〉作「官」，〔註323〕前者源自甲骨文金文，屬於大篆系統；後者源自《說文解字》篆文，屬於小篆系統。

四、草書之二篆系統

（一）草書之專行大篆系統者

1、「力」字

甲骨文作「（圖）」、「（圖）」、「（圖）」、「（圖）」……等形，〔註324〕象發土之農具形，孫森謂「可能取形於古代單齒木耒」。〔註325〕

金文作「（圖）」。〔註326〕

《說文解字》云：

（篆），筋也，象人筋之形。治功曰力，能禦大災。〔註327〕

草書「力」字作「力」，〔註328〕源自與金文之寫法，故屬於大篆系統。

2、「乎」字

甲骨文作「（圖）」、「（圖）」、「（圖）」、「（圖）」……等形，〔註329〕前兩形上方作兩畫；後兩形上方作三畫；下方皆从「丂」，而中豎或稍彎曲。按：「丂」爲敲擊鐘鼓之器，甲骨文「乎」字上方之兩畫或三畫，或如高鴻縉所謂「象气

〔註320〕見：張玉書等撰、渡部溫訂正、嚴一萍校正，《校正康熙字典》，上冊，頁652。

〔註321〕容庚，《金文編／金文續編》，第一四・一二，頁760。

〔註322〕丁福保，《說文解字詁林》，第十一冊，頁438。

〔註323〕李靜，《隸書字典》，頁135。

〔註324〕李宗焜，《甲骨文字編》，下冊，頁1303。

〔註325〕古文字詁林編纂委員會，《古文字詁林》，第十冊，頁415。

〔註326〕容庚，《金文編／金文續編》，第十三・一八，頁735。

〔註327〕丁福保，《說文解字詁林》，第十冊，頁1333。

〔註328〕季琳、盈洲，《歷代名家草書字典》（杭州：浙江古籍出版社，1999），頁55。

〔註329〕李宗焜，《甲骨文字編》，下冊，頁1355～1357。

越於形」；〔註330〕然則「乎」字本義當爲揚聲也。

　　金文作「𠂤」、「乎」、「乎」……等形，〔註331〕第一形從小、從丂；第二形於「小」上加一短橫；第三形則若從一、從兮；而下方中豎或稍彎曲。

　　《說文解字》云：

　　　　乎，語之餘也，從兮、象聲上越揚之形也。〔註332〕

　　草書「乎」字作「乎」，〔註333〕中央作豎畫帶勾而不屈折，源自甲骨文與金文之寫法，故屬於大篆系統。

　　3、「宂」字

　　甲骨文作「介」、「介」、「介」，〔註334〕第一形從宀、從人；後二形從宀、從七。

　　金文缺。

　　《說文解字》云：

　　　　宂，散也，從宀，人在屋下無田事。《周書》曰：「宮中之宂食。」〔註335〕

　　草書「宂」字作「宂」，〔註336〕上段之「宀」無點若「一」，源自甲骨文之寫法，故屬於大篆系統。

　　4、「鬼」字

　　甲骨文作「鬼」、「鬼」、「鬼」，〔註337〕竊以爲：蓋倚卩而畫頭盔之形；本義爲「首鎧」，即「盔」字初文。〔註338〕

　　金文作「鬼」、「鬼」、「鬼」、「鬼」……等形，〔註339〕第一形亦倚人而畫頭盔；第二形從示，乃鬼神之本字；第三形從戈，作爲鬼方字；第四形

<hr/>

〔註330〕高鴻縉，《中國字例》（臺北：呂青士，1969），五篇，頁577。
〔註331〕容庚，《金文編／金文續編》，第五・一三，頁289～290。
〔註332〕丁福保，《說文解字詁林》，第四冊，頁1260。
〔註333〕季琳、盈洲，《歷代名家草書字典》，頁6。
〔註334〕李宗焜，《甲骨文字編》，中冊，頁769。
〔註335〕丁福保，《說文解字詁林》，第六冊，頁685。
〔註336〕季琳、盈洲，《歷代名家草書字典》，頁67。
〔註337〕李宗焜，《甲骨文字編》，中冊，頁832～833。
〔註338〕《正字通》：「俗呼首鎧曰盔。」見：張自烈編、廖文英補，《正字通》，下冊，頁801。
〔註339〕容庚，《金文編／金文續編》，第九・一三，頁551。

从攴，當與金文中从鬼、从攴者爲一字。〔註340〕《說文解字》云：

　　鬼，人所歸爲鬼，从人、象鬼頭；鬼，陰气賊害，从厶。……禮，古文从示。〔註341〕

　　草書「鬼」字作「免」或「免」，〔註342〕其上皆無撇，源自甲骨文與金文，故屬於大篆系統。

5、「番」字

甲骨文缺。

　　金文作「番」、「番」、「番」……等形，〔註343〕當是从田、采聲，其本義應爲「種也」，即「播」字初文。〔註344〕

　　《說文解字》云：

　　番，獸足謂之番，从采、田象其掌。〔註345〕

　　草書「番」字皆作「番」，〔註346〕上方無撇，源自之金文，屬於大篆系統。

（二）草書之專行小篆系統者

1、「亥」字

　　甲骨文作「亐」、「下」、「亐」、「下」、「亐」、「亐」……等形，〔註347〕蓋前五形皆倚一（地也）而畫草根，最末一形則但象草根之形；本義爲「艸根」，即「荄」字初文。〔註348〕

　　金文作「亐」、「丙」、「丙」、「丙」、「亐」、「亐」、「亐」……等形，〔註349〕皆象草根之形；末二形則於上橫之上加點或短橫。

<hr>

〔註340〕金文中有从鬼、从攴之字，爲《說文解字》所無；見：容庚，《金文編》，第九・一三，頁551。
〔註341〕丁福保，《說文解字詁林》，第七冊，頁1170。
〔註342〕季琳、盈洲，《歷代名家草書字典》，頁579。
〔註343〕容庚，《金文編／金文續編》，第二・五，頁75。
〔註344〕《說文解字》：「播，種也，一曰布也，从手、番聲。」見：丁福保，《說文解字詁林》，第九冊，頁1343。
〔註345〕丁福保，《說文解字詁林》，第二冊，頁1020。
〔註346〕石梁編，《草字彙》（臺北：臺灣商務印書館，1982），午集，頁7下，收一例。
〔註347〕李宗焜，《甲骨文字編》，下冊，頁1220～1222。
〔註348〕《說文解字》：「荄，艸根也，从艸、亥聲。」見：丁福保，《說文解字詁林》，第二冊，頁747。
〔註349〕容庚，《金文編／金文續編》，第一四・四二～一四・四三，頁820～822。

《說文解字》云：

> 丙，荄也，十月微陽起，接盛陰，从二，二，古文上字。一人男，
> 一人女也。从乙，象褱子咳咳之形。《春秋傳》曰：「亥有二首六
> 身。」……亥而生子，復從一起。〔註350〕

饒炯《說文解字部首訂》云：

> 亥即荄之本字，下象草木根荄，或萌而歧上出，或萌而歧下引，皆
> 象奇耦亂竄之形，而从地數之二。〔註351〕

「从地數之二」云云，蓋就小篆之字形而說解。

草書「亥」字作「亥」或「亥」，〔註352〕上方皆有短橫，源自金文第六形以及《說文解字》篆文，屬於小篆系統。

2、「來」字

甲骨文作「來」、「來」、「來」、「來」、「來」、「來」……等形，〔註353〕皆象瑞麥之形，而筆畫繁簡有異。

金文作「來」、「來」、「來」、「來」、「來」……等形，〔註354〕前三形皆象瑞麥之形；第四、五形又从辵，則爲往來本字。

《說文解字》云：

> 來，周所受瑞麥來麰，一來二縫，象芒朿之形，天所來也，故爲行
> 來之來。《詩》曰：「詒我來麰。」〔註355〕

草書「來」字作「來」，〔註356〕源自《說文解字》篆文，屬於小篆系統。

3、「兩」字

甲骨文缺。

金文作「兩」、「兩」、「兩」等形，〔註357〕前二形沈鏡浩、于省吾謂「象一轅一衡兩軛」或「象車轅前部衡上著以雙軛」；〔註358〕第三形則於上方加一

〔註350〕丁福保，《說文解字詁林》，第十一冊，頁884。
〔註351〕丁福保，《說文解字詁林》，第十一冊，頁893。
〔註352〕季琳、盈洲，《歷代名家草書字典》，頁12。
〔註353〕李宗焜，《甲骨文字編》，中冊，頁528。
〔註354〕容庚，《金文編／金文續編》，第五・三六，頁336～337。
〔註355〕丁福保，《說文解字詁林》，第五冊，頁292。
〔註356〕季琳、盈洲，《歷代名家草書字典》，頁23～24。
〔註357〕容庚，《金文編／金文續編》，第七・三七，頁466。
〔註358〕古文字詁林編纂委員會，《古文字詁林》，第七冊，頁111、118。

短橫。

《說文解字》云：

　　冊，再也，从冂、闕。《易》曰：「參天冊地。」〔註359〕

又云：

　　兩，二十四銖爲一兩，从一、兩平分，亦聲。〔註360〕

草書「兩」字作「方」或「禹」，〔註361〕上方皆有橫畫，源自金文第三形以及《說文解字》篆文，屬於小篆系統。

4、「或」字

甲骨文作「叶」、「𠂤」、「𣌦」、「𢦏」……等形，〔註362〕孫海波謂：「并从戈口，蓋口象都邑之形，从戈以守，國之義也。」〔註363〕唯甲文實从「口」而不从「囗」。

金文作「𢨪」、「或」、「𢨪」、「陳」……等形，〔註364〕前二形从戈从口；第三形「口」訛若「日」；第四形則加「邑」爲形符。

《說文解字》云：

　　或，邦也，从口、从戈、又从一；一，地也。域，或又从土。〔註365〕

草書「或」字作「戈」、「𢆉」，〔註366〕皆源自《說文解字》篆文，屬於小篆系統。

5、「爲」字

甲骨文作「𤓴」、「𧰨」、「𧱦」……等形，〔註367〕从手、从象，本義爲「手指撝也」，即「撝」字初文。〔註368〕

〔註359〕丁福保，《說文解字詁林》，第六冊，頁937。

〔註360〕丁福保，《說文解字詁林》，第六冊，頁941。

〔註361〕季琳、盈洲，《歷代名家草書字典》，頁4。

〔註362〕藝文印書館，《校正甲骨文編》，卷一二・一五，頁489。

〔註363〕古文字詁林編纂委員會，《古文字詁林》，第九冊，頁958。

〔註364〕容庚，《金文編／金文續編》，第一二・二七，頁679。

〔註365〕丁福保，《說文解字詁林》，第十冊，頁316。

〔註366〕季琳、盈洲，《歷代名家草書字典》，頁318。

〔註367〕李宗焜，《甲骨文字編》，中冊，頁585。

〔註368〕許慎《說文解字詁林》云：「撝，裂也，从手、爲聲。一曰：手指也。」「手指」小徐本作「手指撝」。見：丁福保，《說文解字詁林》，第九冊，頁1326。

金文作「象」、「象」、「象」、「象」、「象」、「象」……等形，〔註369〕前五形皆从爪、从象，而第三形大象之長鼻尤爲明顯；第四形所从之「象」特爲減省；第六形則不从爪。

秦〈泰山刻石〉作「象」，〔註370〕从爪、从象，而所从之「象」猶依稀可以看出長鼻等特徵。

《說文解字》云：

象，母猴也，其爲禽好爪，下腹爲母猴形。王育曰：「爪，象形也。」

象，古文爲，象兩母猴相對形。〔註371〕

《說文解字》「爲」字小篆與〈泰山刻石〉近似；惟許慎將象誤認爲「母猴」。

草書「爲」字作「为」、「为」……等形，〔註372〕皆源自秦〈泰山刻石〉與《說文解字》篆文，故屬於小篆系統。

（三）草書之兼行二篆系統者

1、「立」字

甲骨文作「立」或「立」，〔註373〕皆从大（象人正面站立之形）、从一（地也），而前者明白顯示人之腳膝；後者則否。

金文作「立」、「立」、「立」……等形。〔註374〕第一形从天、从一；末二形則皆从大、从一。

《說文解字》云：

立，住也，从大立一之上。〔註375〕

草書「立」字作「立」或「立」，〔註376〕前者上段之「大」，源自甲骨文與金文之寫法，屬於大篆系統；後者上段之「大」，源自《說文解字》篆文之寫法，屬於小篆系統。

〔註369〕容庚，《金文編／金文續編》，第三・一七，頁 166～168。
〔註370〕二玄社，《秦泰山刻石／瑯邪臺刻石》，頁 25。
〔註371〕丁福保，《說文解字詁林》，第三冊，頁 961。
〔註372〕季琳、盈洲，《歷代名家草書字典》，頁 288～289。
〔註373〕李宗焜，《甲骨文字編》，上冊，頁 69。
〔註374〕容庚，《金文編／金文續編》，第一〇・一四，頁 594。
〔註375〕丁福保，《說文解字詁林》，第八冊，頁 1060。
〔註376〕季琳、盈洲，《歷代名家草書字典》，頁 400。

2、「奇」字

甲骨文缺。

金文缺。

《說文解字》云：

奇，異也，一曰：不耦，从大、从可。〔註377〕

草書「奇」字作「奇」或「奇」，〔註378〕前者上段之「大」，源自甲骨文與金文之寫法，屬於大篆系統；後者前者上段之「大」，源自《說文解字》篆文之寫法，屬於小篆系統。

3、「孫」字

甲骨文作「𦤳」、「𦤳」、「𦤳」，〔註379〕皆从子、从幺。

金文作「𦤳」、「𦤳」、「𦤳」，〔註380〕前二形皆从子、从糸；第三形从子、从屮。

《說文解字》云：

孫，子之子曰孫，从子、从系；系，續也。〔註381〕

草書「孫」字作「孫」或「孫」，〔註382〕前者右旁从糸，其上無撇，源自金文，屬於大篆系統；後者右旁从系，其上有撇，源自《說文解字》篆文，屬於小篆系統。

4、「堂」字

甲骨文缺。

金文缺。

《說文解字》云：

堂，殿也，从土、尚聲。𡔒，古文堂。𡔒，籀文堂。〔註383〕

草書「堂」字作「堂」或「堂」，〔註384〕前者「尚」下省口，源自《說

〔註377〕丁福保，《說文解字詁林》，第四冊，頁1252。

〔註378〕季琳、盈洲，《歷代名家草書字典》，頁181～182。

〔註379〕李宗焜，《甲骨文字編》，上冊，頁184。

〔註380〕容庚，《金文編／金文續編》，第一二・三五，頁696～699。

〔註381〕丁福保，《說文解字詁林》，第十冊，頁502。

〔註382〕季琳、盈洲，《歷代名家草書字典》，頁170～171。

〔註383〕丁福保，《說文解字詁林》，第十冊，頁1136。

〔註384〕季琳、盈洲，《歷代名家草書字典》，頁204。

文解字》古文，屬於大篆系統；後者「尚」下有口，源自《說文解字》篆文，屬於小篆系統。

5、「御」字

甲骨文作「」、「」、「」、「」……等形，〔註385〕第一形从彳、卸聲；〔註386〕第二形从行、卸省聲；第三形从彳、卸省聲；第四形从行、午聲。

金文作「」、「」、「」、「」、「」……等形。〔註387〕第一形从卩、午聲；第二形加彳；第三形从辵；第四形从攴、从馬；第五形从更（「鞭」字初文）〔註388〕、从馬。

《說文解字》云：

，使馬也，从彳从卸。，古文御。〔註389〕

草書「御」字作「」或「」，〔註390〕前者从馬、从又，源自《說文解字》古文，屬於大篆系統；後者从彳、卸聲，屬於小篆系統。

五、行書之二篆系統

（一）行書之專行大篆系統者

1、「之」字

甲骨文作「」、「」、「」、「」……等形，〔註391〕蓋皆从止（象左腳形）、从一（象地面形）會意，後兩形當係反書。本義應為「往也」，如：《詩經》「王姬之車」是。〔註392〕

〔註385〕李宗焜，《甲骨文字編》，上冊，頁124。

〔註386〕鈕樹玉、王筠、朱駿聲等謂「御」字从「卸聲」見：丁福保，《說文解字詁林》，第三冊，頁215～217。

〔註387〕容庚，《金文編／金文續編》，第二・二八，頁121～122。

〔註388〕白玉崢說，見：古解字詁林編纂委員會，《古解字詁林》，第三冊，頁650。

〔註389〕丁福保，《說文解字詁林》，第三冊，頁215。

〔註390〕李琳、盈洲，《歷代名家草書字典》，頁228，但收「御」字草書，而無「馭」字草書；石梁，《艸字彙》，亥集，頁1，則收有「馭」字草書一例。

〔註391〕李宗焜，《甲骨文字編》，上冊，頁265～266。

〔註392〕《詩・召南・何彼穠矣》：「曷不肅雝，王姬之車。」注：「之，往也。」見：毛亨傳、鄭玄箋、孔穎達疏，《毛詩正義》，卷一之五，頁67。

金文作「↓」、「↑」、「↓」、「↓」、「✕」……等形，〔註393〕亦皆从止、从一，而上方之「止」稍有訛變。

《說文解字》云：

↓，出也，象艸過中，枝莖益大有所之，一者，地也。〔註394〕

行書「之」字作「之」、「之」、「之」……等形，〔註395〕皆源自甲骨文與金文，屬於大篆系統。

2、「汙」字

甲骨文缺。

金文缺。

《說文解字》云：

汙，薉也；一曰：小池爲汙；一曰：涂也；从水、于聲。〔註396〕

行書「汙」字作「汙」，〔註397〕其右旁之「于」中央作一豎帶綽勾，源自甲骨文與金文，屬於大篆系統。

3、「卓」字

甲骨文缺。

金文作「卓」或「卓」。〔註398〕蓋「從人、早聲」，〔註399〕本義爲「舉足小高」，〔註400〕即「蹻」字初文。〔註401〕

《說文解字》云：

卓，高也，早七爲卓，七卩爲卬，皆同義。〔註402〕

行書「卓」字作「卓」，〔註403〕其下作若「十」，源自金文，屬於大篆系統。

〔註393〕容庚，《金文編／金文續編》，第六・一一，頁361～363。

〔註394〕丁福保，《說文解字詁林》，第五冊，頁999。

〔註395〕上海書畫社，《實用行書字匯》（上海，2004），頁690～691。

〔註396〕丁福保，《說文解字詁林》，第九冊，頁514。

〔註397〕上海書畫社，《實用行書字匯》，頁535。

〔註398〕古文字詁林編纂委員會，《古文字詁林》，第七冊，頁466。

〔註399〕林義光說，見：古文字詁林編纂委員會，《古文字詁林》，第七冊，頁466，馬敘倫引。

〔註400〕丁福保，《說文解字詁林》，第三冊，頁297。「小高」各本作「行高」，依段注本改。

〔註401〕馬敘倫說，見：古文字詁林編纂委員會，《古文字詁林》，第七冊，頁466。

〔註402〕丁福保，《說文解字詁林》，第七冊，頁356。

〔註403〕上海書畫社，《實用行書字匯》，頁719。

4、「表」字

甲骨文缺。

金文缺。

《說文解字》云：

　　　，上衣也，从衣、从毛；古者衣裘，以毛爲表。　　，古文表从

　麃。〔註404〕

按：「表」字當如「裏」字例，从衣、毛聲。

　　行書「表」字作「　　」，〔註405〕其中段之「毛」作二橫一豎，源自甲骨文與金文，屬於大篆系統。

5、「魁」字

甲骨文缺。

金文作缺。

《說文解字》云：

　　　，羹斗也，从斗、鬼聲。〔註406〕

　　行書「魁」字作「　　」，〔註407〕左旁之「鬼」上方無撇、右下無「厶」，源自甲骨文、金文，故行書「魁」字屬於大篆系統。

（二）行書之專行小篆系統者

1、「文」字

　　甲骨文作「　」、「　」、「　」、「　」、「　」……等形，〔註408〕前三形蓋皆象人上身有紋飾之形，末二形則省去上身之紋飾。

　　金文作「　」、「　」、「　」、「　」、「　」、「　」、「　」、「　」、「　」……等形，〔註409〕前七形蓋皆象人上身有紋飾之形，惟第七形之首、末有所訛變；末二形省去上身之紋飾。

〔註404〕丁福保，《說文解字詁林》，第七冊，頁441。

〔註405〕上海書畫社，《實用行書字匯》，頁26。

〔註406〕丁福保，《說文解字詁林》，第十一冊，頁273。

〔註407〕上海書畫社，《實用行書字匯》，頁279。

〔註408〕李宗焜，《甲骨文字編》，下冊，頁1292。

〔註409〕容庚，《金文編／金文續編》，第九・五，頁535～537。

《說文解字》云：

〔圖〕，錯畫也，象交文。〔註410〕

行書「文」字作「文」或「文」，〔註411〕皆源自甲骨文最末一形與金文最末一形以及《說文解字》篆文，屬於小篆系統。

2、「玄」字

甲骨文作「圖」或「圖」，〔註412〕象交組之兩股絲線，而上有線緒，下有線尾。其本義當爲「繩索也」，即「絃」字初文。〔註413〕《說文解字》「玄」字古文略同。

金文作「圖」，〔註414〕但象交組之兩股絲線，而上無線緒，下無線尾。

《說文解字》云：

〔圖〕，幽遠也，黑而有赤色者爲玄；象幽而入覆之。……〔圖〕，古文玄。〔註415〕

《說文解字》「玄」字篆文上端有線緒，而下端無線尾。

行書「玄」字皆作「玄」，〔註416〕其上端有線緒，而下端無線尾，源自《說文解字》篆文，屬於小篆系統。

3、「臣」字

甲骨文作「圖」、「圖」、「圖」、「圖」、「圖」……等形，〔註417〕象張目之形，即「瞋」字初文，前二形畫出眼珠之瞳仁。金文作「圖」、「圖」、「圖」、「圖」、「圖」……等形，〔註418〕亦皆象瞋目之形，前二形畫出眼珠之。

《說文解字》云：

〔註410〕丁福保，《說文解字詁林》，第七冊，頁1022。
〔註411〕上海書畫社，《實用行書字匯》，頁530～531。
〔註412〕李宗焜，《甲骨文字編》，下冊，頁1246。
〔註413〕《博雅》：「絃，繩索也。」見：張玉書等撰、渡部溫訂正、嚴一萍校正，《校正康熙字典》，下冊，頁2086引。
〔註414〕容庚，《金文編／金文續編》，第四・一七，頁247。
〔註415〕丁福保，《說文解字詁林》，第四冊，頁545。
〔註416〕上海書畫出版社，《實用行書字匯》，頁587～588。
〔註417〕李宗焜，《甲骨文字編》，上冊，頁207～208。
〔註418〕容庚，《金文編／金文續編》，第三・三〇，頁191～192。

　　「臣」，牽也，事君也，象屈服之形。〔註419〕

許慎蓋未見甲骨文或金文「臣」字之畫出眼珠之瞳仁者，故不解「臣」字本義。

　　行書「臣」字作「臣」，〔註420〕源自甲骨文與金文之無畫出眼珠之瞳仁者以及小篆，屬於小篆系統。

　　4、「車」字

　　甲骨文作「車」、「車」、「車」、「車」、「車」、「車」、「車」……等形，〔註421〕皆象古代車輛之形；惟或象整輛車形，或取其部分，而致筆畫繁簡有異。

　　金文作「車」、「車」、「車」、「車」、「車」、「車」、「車」、「車」、「車」、「車」、「車」……等形，〔註422〕亦皆象古代車輛之形；惟或象整輛車形，或取其部分，而致筆畫繁簡有異。

　　《說文解字》云：

　　「車」，輿輪之總名，夏后時奚仲所造，象形。〔註423〕

　　行書「車」字作「車」，〔註424〕源自金文最末一形以及《說文解字》篆文，屬於小篆系統。

　　5、「辰」字

　　甲骨文作「辰」、「辰」、「辰」、「辰」、「辰」、「辰」、……等形，〔註425〕前四形皆象蚌殼之形，惟筆畫繁簡有異；後二形則各於字上橫畫之上加一短橫。本義爲「大蛤」，即「蜃」字初文。〔註426〕

　　金文作「辰」、「辰」、「辰」、「辰」、「辰」、「辰」、「辰」、「辰」……

〔註419〕丁福保，《說文解字詁林》，第三冊，頁1108。
〔註420〕上海書畫社，《實用行書字匯》，頁50。
〔註421〕李宗焜，《甲骨文字編》，下冊，頁1243～1244。
〔註422〕容庚，《金文編／金文續編》，第一四・一○，頁755～756。
〔註423〕丁福保，《說文解字詁林》，第十一冊，頁295。
〔註424〕上海書畫出版社，《實用行書字匯》，頁49。
〔註425〕李宗焜，《甲骨文字編》，中冊，頁854～858。
〔註426〕《禮記・月令》：「孟冬之月，……雉入大水爲蜃。」注：「大蛤曰蜃。」見：
　　　　鄭玄注、孔穎達疏，《禮記注疏》，卷十七，頁341。

等形，〔註427〕前三形皆象蚌殼之形，惟筆畫繁簡有異；第四至第六形則各於字上橫畫之上加一短橫；第七形下從止；第八形下從又。

《說文解字》云：

「辰」，震也，三月陽气動，靁電振，民農時也，物皆生；從乙、匕，象芒達，厂聲也。辰，房星，天時也。從二，二，古文上。〔註428〕

行書「辰」字作「辰」，〔註429〕源自《說文解字》篆文，屬於小篆系統。

（三）行書之兼行二篆系統者

1、「再」字

甲骨文作「」，〔註430〕從一、從冄，其說不詳。〔註431〕

金文作「再」或「再」〔註432〕，蓋皆從二、再聲；惟後者於「再」字上橫之上加一短橫。

《說文解字》云：

「再」，一舉而二也，從冓省。〔註433〕

行書「再」字作「再」或「再」，〔註434〕前者中央無豎畫，源自甲骨文，屬於大篆系統；後者中央有一豎畫，源自金文以及《說文解字》篆文，屬於小篆系統。

2、「夸」字

甲骨文作「」或「」，〔註435〕皆從大（象人正面站立之形）、于聲；本義當為「渡也」，即「跨」字初文。〔註436〕故追日之神人名曰「夸父」。〔註437〕

〔註427〕容庚，《金文編／金文續編》，第一四・一○，頁803～804。
〔註428〕丁福保，《說文解字詁林》，第十一冊，頁753。
〔註429〕上海書畫出版社，《實用行書字匯》，頁50～51。
〔註430〕李宗焜，《甲骨文字編》，下冊，頁1208。
〔註431〕古文字詁林編纂委員會，《古文字詁林》，第四冊，頁286～288。
〔註432〕容庚，《金文編／金文續編》，第四・一五，頁243。
〔註433〕丁福保，《說文解字詁林》，第四冊，頁521。一本「從冓省」作「從一、冓省」。
〔註434〕上海書畫出版社，《實用行書字匯》，頁670。
〔註435〕李宗焜，《甲骨文字編》，上冊，頁93。
〔註436〕丁福保，《說文解字詁林》，第三冊，頁305。
〔註437〕《山海經・海外北經》：「夸父與日逐走，入日。」見：馬昌儀，《古本山海經圖說》（濟南：山東畫報出版社，2003），頁470。

金文作「🏹」、「🏹」、「🏹」……等形。〔註438〕亦皆从大、于聲。

《說文解字》云：

🈚，奢也，从大、于聲。〔註439〕

行書「夸」字作「夸」或「夸」，〔註440〕前者下方中畫無曲折，源自甲骨文與金文，屬於大篆系統；後者下方中畫曲折，源自《說文解字》篆文，屬於小篆系統。

3、「承」字

甲骨文缺。

金文缺。

《說文解字》云：

🈚，奉也，受也，从手、从卩、从廾。〔註441〕

行書「承」字，王羲之等作「承」，〔註442〕中央橫畫僅二，源自金文「手」字寫法，〔註443〕屬於大篆系統；王羲之等亦作「承」，〔註444〕中央橫畫則有三，源自《說文解字》「手」字寫法，〔註445〕屬於小篆系統。

4、「魂」字

甲骨文缺。

金文缺。

《說文解字》云：

🈚，陽气也，从鬼、云聲。〔註446〕

〔註438〕容庚，《金文編／金文續編》，第一〇·九，頁583。
〔註439〕丁福保，《說文解字詁林》，第八冊，頁927。
〔註440〕上海書畫社，《實用行書字匯》，頁276。
〔註441〕丁福保，《說文解字詁林》，第九冊，頁1217。
〔註442〕上海書畫出版社，《實用行書字匯》，頁53；伏見冲敬，《書法大字典》，上冊，頁918。
〔註443〕如：卯簋「手」字或農卣「拜」字右旁之「手」，參見：容庚，《金文編／金文續編》，第一二·六，頁637。
〔註444〕上海書畫出版社，《實用行書字匯》，頁53；伏見冲敬，《書法大字典》，上冊，頁918。
〔註445〕丁福保，《說文解字詁林》，第九9冊，頁1119。
〔註446〕丁福保，《說文解字詁林》，第七冊，頁1175。

行書「魂」字，顏眞卿作「魂」，〔註447〕「鬼」上無撇，源自源自甲骨文與金文「鬼」字寫法，〔註448〕屬於大篆系統；王鐸等作「魂」，〔註449〕「鬼」上有撇，源自《說文解字》「鬼」字寫法，〔註450〕屬於小篆系統。

5、「疊」字

甲骨文缺，

金文缺。

《說文解字》云：

疊，楊雄説，以爲古理官決罪，三日得其宜乃行之，从晶从宜。亡新以爲疊从三日太盛，改爲三田。〔註451〕

行書「疊」字作「疊」或「疉」，〔註452〕根據《說文解字》，前者从三日，屬於大篆系統；後者从三田，屬於小篆系統。

六、楷書之二篆系統

（一）楷書之專行大篆系統者

1、「千」字

甲骨文作「千」、「千」、「千」……等形，〔註453〕皆爲「一、人」之合文；〔註454〕蓋因「人」與「千」二字疊韻，〔註455〕故借「人」爲十百之ㄑㄧㄢ。惟前兩形「人」之頭部與手臂作一筆，壓於表上身與下肢之筆畫上；第三形則頭部與上身及下肢作一筆，壓於表手臂之筆畫上。

金文作「千」、「千」、「千」、「千」……等形，〔註456〕亦皆爲「一、人」之合文；惟前兩形「人」之頭部與手臂作一筆，壓於表上身與下肢之筆畫上，

〔註447〕故宮博物院，《唐顏眞卿書祭姪文稿》（臺北，1973），頁5。

〔註448〕參見：本書第一章第四節四之（一）之4。

〔註449〕宋立文，《集行草字典》（上海，上海古籍出版社，1992），頁1125。

〔註450〕參見：本書第一章第四節肆之一之4。

〔註451〕丁福保，《説文解字詁林》，第六冊，頁206。

〔註452〕上海書畫出版社，《實用行書字匯》，頁95～96。

〔註453〕李宗焜，《甲骨文字編》，上冊，頁10～11。

〔註454〕此自甲骨文二千、三千、四千、五千作「二人」、「三人」、「四人」、「五人」之合文可證。見：李宗焜，《甲骨文字編》，下冊，頁1387～1388。

〔註455〕段玉裁〈古十七部諧聲表〉，將「人」與「千」同置於古音第十二部。見：許慎撰、段玉裁注，《說文解字注》（臺北：洪葉文化事業公司，1999），頁833。

〔註456〕容庚，《金文編／金文續編》，第三‧三，頁138。

而後兩形則頭部與上身及下肢作一筆，壓於表手臂之筆畫上。

《說文解字》云：

　仟，十百也，从十、从人。〔註457〕

楷書「千」字皆作「千」，〔註458〕「人」之頭部與手臂作一筆，「人」之頭部與手臂作一筆，壓於表上身與下肢之筆畫上，源自甲骨文前兩形與金文前兩形，故屬於大篆系統。

2、「出」字

甲骨文作「屮」、「凷」、「凷」、「屮」……等形〔註459〕皆从止（象人左腳之形）、从凵（象居處之形）會意，表人自其居處外出；而末二形之「凵」已訛若「口」。

金文作「屮」、「出」、「凷」、「屮」、「屮」……等形，〔註460〕前三形明顯从止、从凵；後二形則「凵」之位置移往右邊，而形亦已訛變。

《說文解字》云：

　屮，進也，象艸木益滋上出達也。〔註461〕

楷書「出」字大多作「出」，〔註462〕或訛作「出」，〔註463〕下方明顯作「凵」，源自甲骨文與金文前三形，故屬於大篆系統。

3、「外」字

甲骨文缺。〔註464〕

金文作「外」或「外」，〔註465〕前者从卜、夕（月之初文）聲；後者

〔註457〕「从十、从人」，徐鍇《說文繫傳》作「从十、人聲」。並見：丁福保，《說文解字詁林》，第三冊，頁453。

〔註458〕李志賢等編著，《中國正書大字典》（上海，上海書畫出版社，1997），頁153～154。

〔註459〕李宗焜，《甲骨文字編》，上冊，頁269。

〔註460〕容庚，《金文編／金文續編》，第六・一三，頁365。

〔註461〕丁福保，《說文解字詁林》，第五冊，頁1010。

〔註462〕李志賢等編著，《中國正書大字典》，頁141～142。

〔註463〕李志賢等編著，《中國正書大字典》，頁141～142。

〔註464〕或以卜辭中之「卜丙」為「外丙」，「卜壬」為「外壬」，見：李宗焜，《甲骨文字編》，下冊，頁1416。李孝定則謂：「卜字作外，似仍有可商。」見：《甲骨文字集釋》，卷七，頁2281～2282。

〔註465〕容庚，《金文編／金文續編》，第七・一二，頁415。

从卜、月聲。按：「外」與「月」同屬牙音疑聲，〔註 466〕且古音同在十五部，〔註467〕故「外」得以「月」爲聲符。

《說文解字》云：

夘，遠也，卜尚平旦，今夕卜，於事外矣。**夘**，古文外。〔註468〕

楷書「外」字皆作「**外**」，〔註469〕左旁從「夕」，源自金文第一形，故屬於大篆系統。

4、「多」字

甲骨文作「**ᗐ**」、「**ᗐ**」、「**ᗐ**」……等形，〔註470〕皆從二肉，〔註471〕或上下重疊，或左右並排。本義蓋爲「飲酒之肴」，即「宜」字初文。〔註472〕故「移」等字從「多」得音。〔註473〕

金文作「**ᗐ**」、「**ᗐ**」、「**ᗐ**」……等形，〔註474〕亦皆從二肉，或上下重疊，或左右並排。

《說文解字》云：

多，重也，從重夕；夕者相繹也，故爲多。重夕爲多，重日爲疊。……
多，古文多。〔註475〕

楷書「多」字作「**多**」或「**多**」，〔註476〕從二肉，或上下重疊，或左右並排；源自甲骨文與金文，故屬於大篆系統。

〔註466〕見：陳新雄，《聲類新編》，卷二，頁 113、114。
〔註467〕段玉裁〈古十七部諧聲表〉，將「月」與「外」同置於古音第十五部。見：許慎撰、段玉裁注，《說文解字注》，頁 836。
〔註468〕丁福保，《說文解字詁林》，第六冊，頁 267。
〔註469〕李志賢等編著，《中國正書大字典》，頁 370。
〔註470〕李宗焜，《甲骨文字編》，下冊，頁 1310。
〔註471〕王國維：「多從二肉，會意。」見：李孝定，《甲骨文字集釋》，卷七，頁 2287 引。
〔註472〕《爾雅·釋言1)》：「宜，肴也。」李巡曰：「飲酒之肴也。」見：郭璞注、邢昺疏，《爾雅注疏》，卷三，頁 42，《十三經注疏》，第八冊。
〔註473〕許慎：「移，禾相倚移也，從禾、多聲。」見：丁福保，《說文解字詁林》，第六冊，頁 416。
〔註474〕容庚，《金文編／金文續編》，第七·一二，頁 416～417。
〔註475〕丁福保，《說文解字詁林》，第六冊，頁 273。
〔註476〕李志賢等編著，《中國正書大字典》，頁 371。

5、「戎」字

甲骨文作「」、「」、「」、「」……等形，[註477] 第一形从大（象人形）右手持戈類攻擊性武器、左手持牌類防禦性武器，表戰鬥之意；後三形則省去人形，但畫出攻擊性武器與防禦性武器，而第二、第三形之防禦性武器明顯爲盾牌之類；第四形之防禦性武器則簡化爲交叉之橫畫與豎畫。

金文作「」或「」，[註478] 前者从戈、从甲之初文；後者从戈、从甲之次初文（作若「十」）。

《說文解字》云：

，兵也，从戈、从甲。[註479]

楷書「戎」字皆作「」，[註480]「戈」下「甲」作「十」，源自甲骨文第四形以及金文第二形，故屬於大篆系統。

（二）楷書之專行小篆系統者

1、「申」字

甲骨文作「」、「」、「」、「」……等形，[註481] 皆象閃電之形，本義爲「陰陽激燿」，即「電」字初文。[註482]

金文作「」、「」、「」、「」、「」……等形，[註483] 亦皆象閃電之形；末二形閃電之左右分支作若「口」，則屬訛變。

《說文解字》云：

，神也，七月陰气成體自申束，从臼，自持也。吏以餔時聽事，

申旦政也。[註484]

楷書「申」字皆作「」，[註485] 自《說文解字》篆文演化而來，故屬於小篆系統。

〔註477〕李宗焜，《甲骨文字編》，上冊，頁85～86；中冊，頁889～890。

〔註478〕容庚，《金文編／金文續編》，第一二·二六，頁677。

〔註479〕丁福保，《說文解字詁林》，第十冊，頁300。

〔註480〕李志賢等編著，《中國正書大字典》，頁598～599。

〔註481〕李宗焜，《甲骨文字編》，中冊，頁434～436。

〔註482〕丁福保，《說文解字詁林》，第九冊，頁752。

〔註483〕容庚，《金文編／金文續編》，第一四·三六，頁808。

〔註484〕丁福保，《說文解字詁林》，第十一冊，頁779。

〔註485〕李志賢等編著，《中國正書大字典》，頁842～843。

2、「共」字

甲骨文作「（圖）」或「（圖）」，〔註486〕蓋皆倚廾而畫玉璧之形。玉璧本
爲圓形；甲骨文以刀刻，乃易圓爲方。「共」字本義爲「大璧」，即「珙」字
初文。〔註487〕清‧潘奕雋《說文解字通正》云：

> 《詩》：「受小共、大共。」鄭康成曰：「小共、大共，猶所執擂大球、
> 小球也。」珙，古作共。〔註488〕

金文作「（圖）」、「（圖）」、「（圖）」、「（圖）」、「（圖）」、「（圖）」、「（圖）」……等
形，〔註489〕前三形蓋皆倚廾而畫玉璧之形；第四形上段似作二「十」；第五形
上段作「廿」，當爲第三形之訛變；若第六、第七兩形，則又爲第五形之訛變。

《說文解字》云：

> （圖），同也，从廿、廾。〔註490〕

蓋據訛變之字形而說解。

楷書「共」字皆作「共」或「共」，〔註491〕前者源自金文第五形以及
《說文解字》篆文，故屬於小篆系統；後者蓋源自金文第四形。

3、「向」字

甲骨文作「（圖）」、「（圖）」、「（圖）」……等形，〔註492〕皆从宀、从口會意；
本義爲「北出牖」。〔註493〕

金文作「（圖）」或「（圖）」，〔註494〕亦皆从宀、从口會意。

《說文解字》云：

> （圖），北出牖也，从宀、从口。《詩》曰：「塞向墐戶。」〔註495〕

〔註486〕李宗焜，《甲骨文字編》，上冊，頁331。

〔註487〕《玉篇》：「珙，大璧也。」見：顧野王，《玉篇》，《小學名著六種》（北京：
中華書局，1998），第一種，上，卷一，頁6。

〔註488〕丁福保，《說文解字詁林》，第三冊，頁819。

〔註489〕容庚，《金文編／金文續編》，第三‧一四，頁159。

〔註490〕丁福保，《說文解字詁林》，第三冊，頁817。

〔註491〕李志賢等編著，《中國正書大字典》，頁96。

〔註492〕李宗焜，《甲骨文字編》，中冊，頁758。

〔註493〕《詩‧豳風‧七月》：「塞向墐戶。」毛傳：「向，出牖也。」見：毛亨傳、
鄭玄箋、孔穎達疏，《毛詩正義》，卷八，頁284。

〔註494〕容庚，《金文編／金文續編》，第七‧二四，頁439。

〔註495〕丁福保，《說文解字詁林》，第六冊，頁643。

楷書「向」字皆作「向」，〔註496〕上有一撇，源自《說文解字》篆文，故屬於小篆系統。

4、「百」字

甲骨文作「ᐊ」、「ᐊ」、「百」……等形，〔註497〕第一形象人手大拇指之形，即「擘」字初文「白」字，借爲「十十」之義；第二、三形皆爲「一、白」之合文，〔註498〕而第三形則爲小篆「百」字所本。

金文作「百」、「四」、「日」、「百」……等形，〔註499〕皆爲「一、白」之合文；第四形則爲小篆「百」字所本。

《說文解字》云：

百，十十也，从一、白。數十百爲一貫，相章也。百，古文百从

自。〔註500〕

楷書「百」字皆作「百」，〔註501〕源自甲骨文第三形與金文第四形以及小篆系統之《說文解字》篆文，故屬於小篆系統。

5、「晶」字

甲骨文作「晶」、「品」、「晶」、「晶」、「品」、「品」、「品」……等形，〔註502〕象繁星之形，其數自三至五顆不等，而第三、第四形又注點於三星之匡廓中；本義爲「列星」，即「曐」字或「星」字初文。〔註503〕

金文作缺。

《說文解字》云：

晶，精光也，从三日。〔註504〕

〔註496〕李志賢等編著，《中國正書大字典》，頁183。
〔註497〕李宗焜，《甲骨文字編》，上冊，頁380。
〔註498〕甲骨文另有二百、三百、四百、五百、六百、八百、九百作「二白」、「三白」、「四白」、「五白」、「六白」、「八白」、「九白」之合文，見：李宗焜，《甲骨文字編》，下冊，頁1386～1387。
〔註499〕容庚，《金文編／金文續編》，第四・七，頁227～228。
〔註500〕丁福保，《說文解字詁林》，第四冊，頁153。
〔註501〕李志賢等編著，《中國正書大字典》，頁802～803。
〔註502〕李宗焜，《甲骨文字編》，中冊，頁483。
〔註503〕許慎《說文解字》：「曐，萬物之精，上爲列星，从晶、生聲。……星，曐或省。」見：丁福保，《說文解字詁林》，第六冊，頁195。
〔註504〕丁福保，《說文解字詁林》，第六冊，頁193。

楷書「晶」字皆作「晶」，〔註505〕源自甲骨文第三、第四形以及《說文解字》篆文，故屬於小篆系統。

（三）楷書之兼行二篆系統者

1、「切」字

甲骨文無「切」字，但有其初文「七」字作「十」，〔註506〕从丨、从一（象刀面形）會意。

金文亦無「切」字，但有其初文「七」字作「十」、「七」、「十」……等形；〔註507〕與甲骨文同。

《說文解字》云：

切，刌也，从刀、七聲。〔註508〕

楷書「切」字作「切」或「切」，〔註509〕前者左旁若「十」，源自「七」字大篆，故屬於大篆系統；後者左旁作「七」，源自「七」字小篆，故屬於小篆系統。

2、「呂」字

甲骨文作「呂」、「呂」、「呂」……等形；〔註510〕

金文作「呂」、「呂」、「呂」、「呂」……等形；〔註511〕前三形上下作兩圓圈或兩方塊，而彼此間無相連之筆畫；最末形左旁加金。秦〈呂不韋戈〉等作「呂」。〔註512〕

《說文解字》云：

呂，脊骨也，象形。昔太嶽爲禹心呂之臣，故封呂侯。……膂，篆

〔註505〕伏見沖敬，《書法大字典》，上冊，10600；李志賢等編著，《中國正書大字典》，頁543，僅收一例；王冬梅，《楷書字典》（哈爾濱：黑龍江美術出版社，2006），頁726，則收有三例。

〔註506〕李宗焜，《甲骨文字編》，下冊，頁1325。

〔註507〕容庚，《金文編／金文續編》，第一四‧一七，頁769。

〔註508〕丁福保，《說文解字詁林》，第四冊，頁845。

〔註509〕李志賢等編著，《中國正書大字典》，頁109～110。

〔註510〕李宗焜，《甲骨文字編》，中冊，頁819。

〔註511〕容庚，《金文編／金文續編》，第七‧三五，頁461～462。

〔註512〕袁仲一、劉玨，《秦文字類編》，頁136。

文呂从肉、从旅。〔註513〕

楷書「呂」字，作「呂」或「呂」，〔註514〕前者上下兩「口」間無相連之筆畫，源自甲骨文與金文，屬於大篆系統；後者上下兩「口」間有相連之筆畫，則源自《說文解字》篆文，屬於小篆系統。

3、「育」字

甲骨文作「育」、「育」、「育」、「育」、「育」、「育」，〔註515〕前二形皆从人產子；第三、第四兩形皆从女產子；最後兩形則皆从母產子。

金文作「育」或「育」，〔註516〕皆从女產子。

《說文解字》云：

育，養子使作善也，从㐬、肉聲。《虞書》曰：「教育子。」育，育

或从每。〔註517〕

楷書「育」字作「育」、「育」或「育」，〔註518〕前二者源自甲骨文最後兩形與《說文解字》或體字，屬於大篆系統；第三形則源自《說文解字》篆文，屬於小篆系統。

4、「酋」字

甲骨文缺。

金文缺。

《說文解字》云：

酋，繹酒也，从酉、水半見於上。〔註519〕

楷書「酋」字，〈獻文帝妃墓誌〉等作「酋」，〔註520〕中有二橫，源自金文寫法，屬於大篆系統；若〈劉懿墓誌〉作「酋」，〔註521〕中僅一橫，則源自《說文解字》，屬於小篆系統。

〔註513〕丁福保，《說文解字詁林》，第六冊，頁750。

〔註514〕李志賢等編著，《中國正書大字典》，頁186～187。

〔註515〕李宗焜，《甲骨文字編》，上冊，頁179～183。

〔註516〕容庚，《金文編／金文續編》，第一四‧三二，頁800。

〔註517〕丁福保，《說文解字詁林》，第十一冊，頁732。

〔註518〕李志賢等編著，《中國正書大字典》，頁570、875。

〔註519〕丁福保，《說文解字詁林》，第十一冊，873頁。

〔註520〕禚效鋒等，《漢隸魏碑字典》，卷上，頁730；鄭聰明，《北魏隋墓誌銘字典》，頁820；伏見冲敬，《書法大字典》，下冊，頁2280。

〔註521〕伏見冲敬，《書法大字典》，下冊，頁2280。

5、「寫」字

甲骨文缺。

金文作缺。

《說文解字》云：

　　寫，置物也，从宀、舄聲。〔註522〕

楷書「寫」字作「寫」、「寫」或「寫」、「寫」等形，〔註523〕前二形之上方作「冖」，源自大篆，屬於大篆系統；後二形之上方作「宀」，則源自小篆，屬於小篆系統。

〔註522〕丁福保，《說文解字詁林》，第六冊，頁701。
〔註523〕李志賢等編著，《中國正書大字典》，頁263～264。

第二章　楷書之產生

《魏書・世祖紀・上》載：

> 二年……初造新字千餘，詔曰：「在昔帝軒，創制造物，乃命倉頡因
> 鳥獸之跡以立文字。自茲以降，隨時改作，故篆、隸、草、楷，並
> 行於世。」〔註1〕

「篆、隸、草、楷」云云，乃是順著書體產生之次序由前向後縷述。宋高宗
《翰墨志》云：

> 士人作字，有眞、行、草、隸、篆五種。〔註2〕

「眞、行、草、隸、篆」云云，卻是逆著書體產生之次序從後往前回溯。唯
無論由前向後縷述，抑或從後往前回溯，楷書都是中國書體中最晚產生的一
種。

第一節　楷書諸名釋義

楷書自漢末三國產生以來，其稱名迭有變革。趙宦光〈論眞草隸篆書〉
云：

> 眞書中一曰正書，如：歐、虞、顏以及後世姜、蔣、二沈之類；一
> 曰楷書，如：右軍〈黃庭〉〈樂毅論〉〈東方贊〉之類；一曰蠅頭書，
> 如：〈麻姑壇〉、文氏〈文賦〉之類；一曰署書，如蒼龍、白虎之類；……
> 一曰行楷，如：〈季直表〉、〈丙舍帖〉、〈曹娥帖〉、〈蘭亭帖〉之類。

〔註1〕魏收，《魏書》（臺北：鼎文書局，1975），卷四・上，頁70。
〔註2〕宋高宗《翰墨志》，頁3。《宋元人書學論著》（臺北：世界書局，1972），第八
　　　種。

　　已上五種，世俗通謂之眞書，天地懸絕！〔註3〕

楷書這種書體，除了趙宧光所提及的「眞書」、「正書」與「楷書」之外，歷代尚有「隸書」、「章程書」……等不同稱呼；本章各節將按其出現之先後分別加以討論。

　　至於趙宧光所謂之「蠅頭書」，實因其字小如蒼蠅之頭故名；所謂「署書」，乃用以題署之文字，二者固不限於楷書一體。所謂「行楷」，則趙宧光意指接近楷書之行書。〔註4〕三者皆非楷書之別名，故不屬於本文討論之範圍。

一、隸書（隸）、今隸

（一）隸書

　　「隸書」蓋爲楷書最早之名稱。庾肩吾〈書品論〉云：

　　　　尋隸體發源於秦時，隸人下邳程邈所作，始皇見而重之。以奏事繁
　　　　多，篆字難製，遂作此法，故曰「隸書」，今時正書是也。〔註5〕

「正書」爲楷書之別名。以時代而論，秦代程邈所作之「隸書」，與梁時「正書」應爲不同之書體；惟庾肩吾所謂「隸書，今時正書是也」，可以作爲楷書原本亦稱爲「隸書」之佐證。

　　又，陶宏景〈與梁武帝論書啓〉云：

　　　　伯英既稱草聖，元常寔自隸絕。〔註6〕

所謂「隸絕」，即虞世南〈書旨述〉「眞楷獨得精研」之意。〔註7〕

　　又，張懷瓘《書斷》卷上〈隸書〉云：

　　　　案：八分則小篆之捷，隸亦八分之捷。漢陳尊……善隸書，與人尺
　　　　牘，主皆藏之以爲榮。此其創開隸書之善也；爾後，鍾元常、王逸
　　　　少各造其極焉。〔註8〕

按：「八分」既爲漢隸之別名，而「隸」爲「八分之捷」，則所謂「隸書」或

〔註3〕趙宧光，《寒山帚談》，卷上，頁18～19；《明人書學論著》（臺北：世界書局，1974），第六種。

〔註4〕趙宧光〈金石林緒論〉：「漢、晉行書，不眞不艸，無大無小。近眞者，行楷也。〈蘭亭〉爲冠。」見：《寒山帚談》，附錄一，頁145；《明人書學論著》之六。

〔註5〕張彥遠，《法書要錄》，卷二，頁52。

〔註6〕張彥遠，《法書要錄》，卷二，頁43。

〔註7〕張彥遠，《法書要錄》，卷三，頁71。

〔註8〕張彥遠，《法書要錄》，卷七，頁203。

「隸」乃指今之楷書。

又，郭忠恕云：

> 小篆散而八分生，八分破而隸書出，隸書悖而行書作，行書狂而草書聖。自隸以下，吾不欲觀。〔註9〕

其論書體產生之原因及其順序固有待商榷；惟其以「隸書」或「隸」爲楷書，則甚明晰。

又，《宣和書譜・八分書敘論》云：

> 蓋古之名稱與今或異，今所謂「正書」則古所謂「隸書」；今所謂「隸書」則古所謂「八分」。〔註10〕

又，王應麟〈論隸書〉云：

> 東魏〈大覺寺碑〉題曰「隸書」，今楷字也。〔註11〕

因此，如：（傳）羊欣〈采古來能書人名〉云：

> 王恬，晉中將軍、會稽内史，善隸書。〔註12〕

或如：房玄齡等《晉書・王羲之傳》云：

> 王羲之……尤善隸書，爲古今之冠。〔註13〕

或如：孫過庭〈書譜〉云：

> 元常專工於隸書，百英尤精於草體，彼之二美，而逸少兼之。〔註14〕

上引三條書學文獻所謂之「隸書」，應當都指楷書而言。

而阮元因不解《晉書・王羲之傳》所謂之「隸書」實即後世所稱之楷書，其〈北碑南帖論〉乃云：

> 唐太宗心折王羲之，尤在〈蘭亭敘〉等帖，御撰〈羲之傳〉，惟曰「善隸書，爲古今之冠」而已。絕無一語及於正書、行、草，……《晉書》具在，可以覆案；而羲之隸書，世間未見也。〔註15〕

〔註9〕孫岳頒等，《佩文齋書畫譜》，卷二，頁51引《佩觿》。

〔註10〕孫過庭等，《唐人書學論著／宣和書譜》，《宣和書譜》，卷二十，頁706。

〔註11〕王應麟，《玉海》，《佩文齋書畫譜》，卷二，頁56引。

〔註12〕張彥遠，《法書要錄》，卷一，頁15。

〔註13〕房玄齡等，《晉書》（臺北：鼎文書局，1980），卷八十，頁2093。

〔註14〕故宮博物院編輯委員會，《唐孫虔禮書譜序》，《故宮法書》（臺北：故宮博物院，1987），第二輯，頁4。

〔註15〕華正書局，《歷代書法論文選》，下冊，頁593。阮元謂〈王羲之傳〉爲唐太宗「御撰」，恐非；據《晉書》，唐太宗所撰者惟〈王羲之傳贊〉，故其前特加「制曰」二字。

針對阮元之疑惑，劉熙載在引述〈王羲之傳〉「善隸書」云云之後，而謂：

> 或疑羲之未有分隸，其實自唐以前皆稱楷字爲隸，如東魏〈大覺寺
> 碑〉題曰「隸書」是也。郭忠恕云：「八分破而隸書出。」此語可引
> 作〈王羲之傳〉注。〔註16〕

楷書的形體省改自漢代隸書，漢代隸書則淵源於秦代隸書，故楷書最初亦沿用「隸書」之名。

而楷書之所以亦稱爲「隸書」，主要的原因在於其文字形體省改自漢代八分書。（傳）虞世南〈筆髓論‧釋眞〉云：

> 然且體約八分，勢同章草，而各有趣。〔註17〕

「眞」就是楷書；「八分」爲漢代隸書之別稱。漢代八分書源自秦代隸書，亦稱爲「隸書」；而楷書因爲「體約八分」，故產生之初得沿用八分書之舊名，仍稱爲「隸書」。

張猛云：

> 楷書是對漢隸略加改造的一種字體，它保存了隸書的結構，去掉了
> 隸書的波挑，字體端莊，書寫便當。大約在東漢末年形成，到魏晉
> 時代就逐漸成熟了。〔註18〕

其中所謂「保存了隸書的結構，去掉了隸書的波挑」，正是虞世南所謂的「體約八分」之註解。

「隸書」或但稱「隸」。（傳）王羲之〈題筆陣圖後〉云：

> 夫書，先須引八分、章草入隸字中，發人意氣；若直取俗字，不能
> 先發。〔註19〕

其中所謂的「隸字」，即隸書字形；惟既須摻入八分與章草兩種書體之元素，則此「隸字」所指稱的，顯然不是又名「八分」的漢代隸書，而應當是「體約八分，勢同章草」的楷書。

又，江式〈論書表〉云：

> 皇魏承百王之季，紹五運之緒，世易風移，文字改變。篆形謬錯，
> 隸體失眞。〔註20〕

〔註16〕劉熙載，《藝概》，卷五，頁138～139。
〔註17〕韋續，《墨藪》第十三，孫過庭等，《唐人書學論著／宣和書譜》，頁1239。
〔註18〕何九盈等主編，《中國漢字文化大觀》（北京：北京大學出版社，2002），頁26。
〔註19〕張彥遠，《法書要錄》，卷一，頁11。
〔註20〕張彥遠，《法書要錄》，卷二，頁65。

其中所謂的「隸體」，即隸書字體；指謂後魏（北魏）時期所通行帶有漢隸遺意的方筆楷書。此種方筆楷書，後世稱之爲「北碑」、「魏體」或「魏碑」。

又，趙明誠《金石錄》云：

> 隸者，今之楷書，亦曰眞書。〔註21〕

又，王應麟〈論隸書〉云：

> 自唐以前皆謂楷字爲「隸」，至歐陽《集古錄》誤以八分爲隸書。自是凡漢石刻皆目爲漢隸。〔註22〕

按：唐以前固有稱楷書爲「隸書」者；然亦有稱之爲「章程書」、「章楷」、「楷書」、「眞書」或「正書」者（詳下）。王應麟所謂「自唐以前，皆謂楷字爲『隸』」，雖然合乎部分的歷史事實，卻不免失之籠統。

（二）今隸

作爲楷書之隸書又稱「今隸」。李贄〈論古隸今隸〉云：

> 今見古帖隸書，自是今之小楷。孫過庭《書譜》謂：「元常專精於隸書，伯英尤工於草體；彼之二美，逸少兼之。」過庭所指元常隸書，即今所傳〈力命〉、〈宣示〉二帖；是又以眞、行爲隸書矣。故蕭子雲啓「敕旨以逸少不及元常，子敬不及逸少，因此研思，遂悟隸式」；與過庭之説相同。……是八分與隸及楷，唐以前皆作一體；唐以後隸與八分爲一體，而楷遂自爲一體矣。……余謂今之楷書不宜謂之楷，只宜謂之「今隸」，而漢之隸爲「古隸」。〔註23〕

按：楷書初亦稱爲隸書，而爲與秦隸、漢隸區別，故或稱「今隸」。段玉裁云：

> 艸書……其各字不連緜者曰「章艸」，晉以下相連緜者曰「今艸」；猶隸之有漢隸、今隸也，漢人所書曰「漢隸」，晉唐以下楷書曰「今隸」。〔註24〕

又，盧中南云：

> 戰國末期已經萌芽的「秦隸」，在漢代被稱爲「隸書」；到了漢末魏

〔註21〕孫岳頌等，《佩文齋書畫譜》，卷二，頁62，明・李贄〈論古隸今隸〉引。

〔註22〕王應麟，《玉海》，《佩文齋書畫譜》，卷二，頁56引。

〔註23〕孫岳頌等《佩文齋書畫譜》，卷二，頁62～63，引李贄，《疑耀》。

〔註24〕許愼《說文解字・敘》「漢興，有艸書」注，丁福保，《說文解字詁林》，第十一冊，頁934。

晉南北朝時期新出現的楷書也被稱爲「隸書」。爲了區別起見，人們把使用很久的、有明顯撇捺波挑的隸書叫做「八分」，和以前的「秦隸」合稱爲「古隸」，新興的楷書就命名爲「今隸」。〔註25〕

二、章程書（章程）、章楷

（一）章程書

楷書在漢末三國時，主要用以書寫表奏與法令等公文書，或用以教童蒙識字，故一名「章程書」；以別於同名爲「隸書」之八分書。（傳）羊欣〈采古來能書人名〉云：

> 潁川鍾繇，魏太尉。……鍾書有三體：一曰銘石之書，最妙者也；二曰章程書，傳祕書、教小學者也；三曰行狎書，相聞者也。三法皆世人所善。〔註26〕

而王羲之〈題筆陣圖後〉云：

> 惟有章草及章程、行狎等不用此勢。〔註27〕

其所謂「章程」乃「章程書」之簡稱，即漢末三國時期用以「傳祕書、教小學」的那種帶有漢隸筆意的早期楷書。如：傳世鍾繇〈宣示表〉〈賀捷表〉〈薦季直表〉……等法帖的小楷，應當就是典型的「章程書」。

惟亦有以八分書爲「章程書」者，如：張懷瓘《書斷・上》云：

> 楷、隸初制，大範幾同，故後人惑之，學者務之。蓋其歲深，漸若八字分散，又名之爲「八分」。時人用寫篇章，或寫法令，亦謂之「章程書」。〔註28〕

又，韋續〈五十六種書〉云：

> 四十四、八分書，漢靈帝時上谷王次仲所作，魏鍾繇謂之「章程書」。〔註29〕

蓋因有謂王次仲所作爲「八分楷法」，張懷瓘、韋續以「八分書」爲楷書，而鍾繇之小楷一名「章程書」，故謂「八分書」即鍾繇「章程書」。

〔註25〕盧中南，《楷書研究》，頁2。
〔註26〕張彥遠，《法書要錄》，卷一，頁14。
〔註27〕張彥遠，《法書要錄》，卷一，頁11。
〔註28〕張彥遠，《法書要錄》，卷七，頁202。
〔註29〕陳思，《書苑菁華》，卷三，頁135。

至於劉熙載《藝概・書概》所云：

> 鍾繇謂八分書爲「章程書」。章程，大抵以其字之合於功令而言耳。
>
> 〔註30〕

則既爲韋續所誤導，亦不知「章程」乃指公文書而言。

（二）章楷

「章程書」或稱「章楷」。（傳）羊欣〈采古來能書人名〉云：

> 瑯琊王廙，晉平南將軍、荊州刺史，能章楷，傳鍾法。〔註31〕

〈采古來能書人名〉既謂鍾繇「三體」之二爲「章程書」，又謂王廙「能章楷」係傳承鍾繇之法；則所謂「章楷」自指「章程書」無疑。

至於「章程書」何以或稱「章楷」，劉延濤云：

> 蓋羊欣當書法大變之後，故稱古楷法之「章程書」曰「章楷」，以區
> 別於「今楷」；因更稱具古法似章程書之草書曰「章草」，以區別於
> 「今草」。〔註32〕

按：「章程書」擬稿時以草書書寫，故當時之草書一稱「章草」；「章程書」謄繕正本時，則使用楷書書寫，故當時之楷書一稱「章楷」。

三、楷書（楷）、楷則、楷法

（一）楷書

「楷書」之名，在晉朝時已經存在。高似孫〈論楷書〉云：

> 晉《中經簿》曰：「有細素書、白縑楷書、黃紙楷書、白絹行書、二
> 尺竹牒楷書、白練絹楷書。」廣內置「楷書吏」自晉始。〔註33〕

「楷書」與「行書」並舉，知其爲書體名稱無疑。或曰：

> 「楷書」原非某一種字體的專稱，只是表示楷法、章法之意。……。
> 唐代開始才用來稱現在所謂的「楷書」。〔註34〕

此說不合乎晉《中經簿》所呈現的事實。

「楷書」之作爲書體名稱，可能是從上節所提之「章楷」省略而來。而

〔註30〕劉熙載，《藝概》，卷五，頁137。

〔註31〕張彥遠，《法書要錄》，卷一，頁15。

〔註32〕劉延濤，《草書通論》，頁12。

〔註33〕孫岳頒等，《佩文齋書畫譜》，卷二，頁56，引《緯略》。

〔註34〕林素清，〈漢字的起源與發展〉，《國際書法文獻展——文字與書寫》，頁18。

在南朝書學論著中，以「楷書」爲書體名稱之例，尤爲常見。如：（傳）羊欣〈采古來能書人名〉云：

> 司徒韋誕，……字仲將，京兆人，善楷書。〔註35〕

其所謂「楷書」，明確指書體而言。〔註36〕

此外，王愔《文字志》論「古書三十六種」，列有「楷書」一種。〔註37〕又，蕭子良〈古今篆隸文體〉之第二種爲「楷書」。〔註38〕又，庾元威〈論書〉有所謂「百體書」，其中「純墨」之一種即爲「楷書」。〔註39〕其中所謂的「楷書」，亦皆爲書體之名稱無疑。

至於「楷書」取名之由，蓋謂典正有則、足爲模楷。成公綏〈隸書體〉云：

> 若乃八分璽法，……垂象表式，有模有楷。〔註40〕

「有模有楷」本在形容「八分璽法」，亦不妨移作「楷書」一名之註解。

郝經〈敘書〉云：

> 言皆書之楷則也。〔註41〕

盧中南云：

> 因其形體方正，筆畫平直，可作楷模，故名楷書。〔註42〕

盧中南又云：

> 所謂「可作楷模」，是指它具有楷法示範作用和制約因素，較之其他字體，標準比較多，具有一定的典範性、同一性、規定性。〔註43〕

「楷書」或但稱爲「楷」，北魏太武帝時已然。《魏書・世祖紀・上》云：

> 二年……初造新字千餘，詔曰：「在昔帝軒，創制造物，乃命倉頡：

〔註35〕張彥遠，《法書要錄》，卷一，頁13。

〔註36〕盧中南因上引「韋誕，……善楷書」之言，遂謂「『楷書』的名稱始見於南朝羊欣〈采古來能書人名〉」；固有待商榷。惟盧氏指出：「因爲沒有實物佐證，這裡所說的『楷書』與今天我們習見的楷書是否一致，很難判定。」則值得注意。見：盧中南，《楷書研究》，頁1。

〔註37〕王愔〈文字志目〉，張彥遠，《法書要錄》，卷一，頁24。

〔註38〕孫岳頒等，《佩文齋書畫譜》，卷一，頁36，引《事文類聚》。

〔註39〕張彥遠，《法書要錄》，卷二，頁49。

〔註40〕孫岳頒等，《佩文齋書畫譜》，卷一，頁35引《成公子安集》。

〔註41〕崔爾平，《歷代書法論文選續編》（上海：上海書畫出版社，1993），頁171，引《郝文忠公陵川集》。

〔註42〕盧中南，《楷書研究》，頁1。

〔註43〕盧中南，《楷書研究》，頁1。

因鳥獸之跡以立文字。自茲以降，隨時改作，故篆、隸、草、楷，
並行於世。」〔註44〕

「楷」與「篆、隸、草」並稱，其爲書體之名稱無疑；即「楷書」是也。

（二）楷則

楷書或稱「楷則」。李嗣眞〈書品後〉云：

崔章書甚妙，衛正體尤絕。世將楷則，遠類義之，猶有古制。〔註45〕

將王廙的「楷則」，與崔寔的「章書」以及衛瓘的「正體」並舉，可知「楷則」
乃書體之名，應該就是楷書的另一種說法。

（三）楷法

楷書或稱「楷法」。惟「楷法」一名，原指王次仲所創造漢代隸書之書寫
法度，而非楷書。衛恆〈四體書勢〉云：

隸書者，篆之捷也，上谷王次仲始作楷法。至靈帝好書，時多能
者。……（梁）鵠謂：「（邯鄲）淳得次仲法，然鵠之用筆盡其勢矣。」
鵠弟子毛弘教於祕書，今「八分」皆弘之法也。〔註46〕

其中，「王次仲始作楷法」一句，可以作二種理解，其一，可能謂王次仲始創
制隸書書寫之法則；其二，可能謂王次仲始依據隸書創制出楷書這種書體。
然以時代而論，王次仲當時固無楷書一體；且如上文所討論，任何一種書體
之產生，實非一人在一時之間所能爲功。故王次仲始作之「楷法」，當爲隸書
書寫之法則，而非楷書書體。（傳）羊欣《采古來能書人名》云：

上谷王次仲，後漢人，作八分楷法。〔註47〕

又云：

安定梁鵠，後漢人，官至選部尚書，得師宜官法。〔註48〕

又云：

陳留邯鄲淳，爲魏臨淄侯文學。得次仲法，名在鵠後。〔註49〕

又云：

〔註44〕魏收，《魏書》，卷四‧上，頁70。
〔註45〕張彥遠，《法書要錄》，卷三，頁87。
〔註46〕房玄齡等，《晉書》，卷三十六，頁1064。
〔註47〕張彥遠，《法書要錄》，卷一，頁12。
〔註48〕張彥遠，《法書要錄》，卷一，頁13。
〔註49〕張彥遠，《法書要錄》，卷一，頁13。

毛弘，鵠弟子，今祕書八分皆傳弘法。〔註50〕

是自王次仲起，後漢之作八分書者，皆各有其「楷法」。衛恆〈四體書勢〉所謂「王次仲始作楷法」之「楷法」，當係漢代隸書（八分書）書寫之法則，亦即羊欣《采古來能書人名》所謂「八分楷法」。

唯「楷法」一名亦用以指謂書寫楷書之方法。（傳）羊欣《采古來能書人名》云：

> 司徒韋誕……善楷書，……魏明帝起凌雲臺，誤先釘牓而未題，以籠盛誕，轆轤長絙引之使就牓書之。牓去地二十五丈，誕甚危懼，乃擲其筆以下焚之，仍誡子孫絕此楷法，著之家令。〔註51〕

韋誕誡子孫所絕之「楷法」，明謂書寫楷書之方法。

及至唐代，始將「楷法」一名指稱楷書書體。如：（唐）徐浩〈論書〉云：

> 程邈變隸體，邯鄲傳楷法，事則樸略，未有功能。〔註52〕

「楷法」與「隸體」對舉，應指楷書書體而言。惟據羊欣《采古來能書人名》所載，邯鄲淳所傳者，乃王次仲之「八分楷法」，而非楷書書體。

又，李訓〈翰林傳授隱術〉云：

> 楷法起于上谷王次仲，蔡邕、崔瑗悉能爲之，鍾元常用之盡妙，王逸少得於神采，永禪師不隳世德，歐陽詢、虞世南克彰時譽。遞於變互，不失其宗。〔註53〕

論「楷法」，而及於歐、虞，則所謂之「楷法」當指楷書書體。

又，《宣和書譜·正書敘論》云：

> 在漢建初有王次仲者，始以隸字作楷法。所謂「楷法」者，今之正書是也。人既便之，世遂行焉。〔註54〕

明謂「楷法」爲當時之正書；則是以爲楷書之別名。惟以王次仲所創之「楷法」即宋代之正書，則非事實。

又，陶宗儀〈論隸書〉云：

〔註50〕張彥遠，《法書要錄》，卷一，頁13。其中，「祕」字誤作「秘」，據毛晉本改。見：孫過庭等，《唐人書學論著／宣和書譜》，《法書要錄》，卷一，頁6。

〔註51〕張彥遠，《法書要錄》，卷一，頁13。其中，「絙」字誤作「綆」。《說文解字》：「絙，大索也。」段注：「亦作緪，非从亘之緪也。」見：段玉裁，《說文解字注》，十三篇上，頁665。

〔註52〕張彥遠，《法書要錄》，卷三，頁95。

〔註53〕陳思，《書苑菁華》，卷二十，頁769。

〔註54〕孫過庭等，《唐人書學論著／宣和書譜》，《宣和書譜》，卷三，頁329。

建初中，以隸書爲楷法，本一書而二名。鍾、王變體，始有古隸、
今隸之別，則楷、隸別爲二書。夫以古法爲隸，今法爲楷，可也；
隋唐以降，古法書廢，遂指八分以爲隸，可乎？蓋漢有隸、分，唐
有分、楷，分之不可爲隸，猶楷之不可爲分也。〔註55〕

意謂：「楷法」本爲隸書之別名，其後始用以指稱鍾、王之新體。故亦爲楷書
之別名。

四、眞書（眞）、眞楷、眞正

（一）真書

楷書一名「眞書」。衛夫人〈筆陣圖〉云：

凡學書字，先學執筆。若眞書，去筆頭二寸一分；若行、草書，去
筆頭三寸一分。〔註56〕

又，王羲之〈題筆陣圖後〉

欲眞書及行書，皆依此法。〔註57〕

又，徐浩〈論書〉云：

程邈變隸體，邯鄲傳楷法。……厥後，鍾善眞書，張稱草聖，右軍
行法，小令破體，皆一時之妙。〔註58〕

又，張懷瓘〈二王等書錄〉：

文皇帝盡價購求，天下畢至，大王眞書惟得五十紙，行書二百四十
紙，草書二千紙，并以金寶裝飾。〔註59〕

又，韋榮宗〈論書〉云：

眞書小密，執宜近頭。〔註60〕

以上各條書學資料所謂之「眞書」，皆爲楷書之別稱。「眞書」一名在晉、唐
早已存在；因此，或謂「到了宋代，楷書又有了『正書』、『眞書』多種稱謂」
〔註61〕，顯非事實。

〔註55〕陶宗儀，《書史會要》（杭州：浙江人民美術出版社，2012），卷一，頁10。
〔註56〕張彥遠，《法書要錄》，卷一，頁8。
〔註57〕張彥遠，《法書要錄》，卷一，頁10。
〔註58〕張彥遠，《法書要錄》，卷三，頁95。
〔註59〕張彥遠，《法書要錄》，卷四，頁122。
〔註60〕孫岳頒等，《佩文齋書畫譜》，卷六，頁147引《王氏法書苑》。
〔註61〕盧中南，《楷書研究》，頁1。

　　而楷書之所以名喚「眞書」，當是因其字體端謹方正。張懷瓘〈六體書論〉云：

> 隸書者，字皆眞正，曰「眞書」。……夫學草、行，分不一二，天下老幼，悉習眞書，而罕能至，其最難也。〔註62〕

趙宦光〈論九體書〉

> 八曰眞書。近代時書，而國朝之所通行。古文邈遠，小學不興，無學者蹈俗忘本，稍通者束義背時。古文意義恆同，蹊徑每異；……一以正俗，一以革古，而悉協於時中，眞書是也。〔註63〕

或謂楷書之所以亦名「眞書」，在於其法度精嚴。郝經〈敘書〉云：

> 以其法度謹嚴精盡，故又謂之眞書。〔註64〕

或謂「眞書」或「正書」，皆爲「章程書」快讀之合音。唐蘭云：

> 章程兩字的合音是正字（平聲），後世把章程書讀快了，就變成正書，又變成眞書。〔註65〕

「眞書」或簡稱「眞」。虞龢〈論書表〉云：

> 孝武撰子敬學書戲習，十卷爲帙，……或眞、行、章、草，雜在一紙。〔註66〕

又，顏之推《顏氏家訓・雜藝》云：

> 梁氏祕閣散逸以來，吾見二王眞、草多矣。〔註67〕

又，孫過庭《書譜》：

> 加以趨變適時，行書爲要；題勒方畐，眞乃居先。〔註68〕

又，顏眞卿〈述張長史筆法十二意〉云：

> 眞、草用筆，悉如畫沙，點畫淨媚，則其道至矣！〔註69〕

　　至於《史記・三王世家》載：

〔註62〕陳思，《書苑菁華》，卷十二，頁447。
〔註63〕趙宦光，《寒山帚談》，卷上，頁30〜31；孫岳頒等，《佩文齋書畫譜》，卷二，頁65註謂引自《金石林緒論》，非。
〔註64〕崔爾平，《歷代書法論文選續編》，頁171。
〔註65〕唐蘭，《中國文字學》，頁178。
〔註66〕張彥遠，《法書要錄》，卷二，頁32。
〔註67〕周法高，《顏氏家訓彙注》（臺北：中央研究院歷史語言研究所，1993），卷下，頁127。
〔註68〕故宮博物院編輯委員會，《唐孫虔禮書譜序》，頁9。
〔註69〕陳思，《書苑菁華》，卷十九，頁723。

褚先生曰：「……謹論次其眞、草詔書，編於左方，令覽者自通其意
　　而解說之。」〔註70〕

褚少孫所謂之「眞、草詔書」，當指詔書之正本與草稿。或《後漢書・列女傳・
陳留董祀妻傳》載：

　　（蔡）文姬曰：「……乞給紙筆，眞、草唯命。」〔註71〕

「眞、草唯命」，應爲正體書與草體書皆能寫。然則上引《史記》與《後漢書》
所謂之「眞」，皆非指楷書而言。

（二）真楷

　　「眞書」或稱爲「眞楷」。虞世南〈書旨述〉云：

　　鍾太傅師資德昇，馳騖曹、蔡，倣學而致一體，眞楷獨得精妍。〔註72〕

又，歐陽修〈跋茶錄〉云：

　　善爲書者，以眞楷爲難。〔註73〕

又，米芾〈論書〉云：

　　字之八面，唯尚眞楷見之，大小各自有分。〔註74〕

（三）真正

　　「眞書」或稱爲「眞正」。虞龢〈論書表〉云：

　　于時聖慮未存草體，凡諸教令，必應眞正。小不在意，則僞謾難識；
　　事事留神，則難爲心力。〔註75〕

將「眞正」與「草體」並舉，則「眞正」爲書體之名稱無疑；亦即楷書之別名。

五、正書（正）、正楷、正體、正隸

（一）正書

　　楷書一名「正書」。庾肩吾〈書品論〉云：

　　尋隸體發源於秦時，隸人下邳程邈所作，始皇見而重之。以奏事繁

〔註70〕司馬遷撰、裴駰集解、司馬貞索隱、張守節正義，《史記三家注》，卷六○，頁
　　　　2114～2115。
〔註71〕范曄，《後漢書》，卷八四，頁2801。
〔註72〕張彥遠，《法書要錄》，卷三，頁71。
〔註73〕歐陽修，《歐陽修全集》，卷三，頁139。
〔註74〕米芾，《海岳名言》，頁3，楊家駱，《宋人書學論著》之七。
〔註75〕張彥遠，《法書要錄》，卷二，頁30～31。

多，篆字難製，遂作此法，故曰「隸書」，今時正書是也。〔註76〕
楷書本名「隸書」，此謂「隸書」爲「今時正隸書」。而庾肩吾爲梁人，則梁朝所謂「正書」乃楷書之別稱無疑。

又，智永〈題右軍樂毅論後〉云：

　　〈樂毅論〉者，正書第一。〔註77〕

又，褚遂良〈晉右軍王羲之書目〉，將所見禁中王羲之書法但分爲「正書」與「草書」二類，「正書」包括：〈樂毅論〉等帖，「都五卷」；「草書」包括：〈蘭亭敍〉等帖，「都五十八卷」。〔註78〕

又，李嗣眞〈書品後〉云：

　　子敬草書，逸氣過父；……而正書、行書，如田野學士，越參朝列，

　　非不稽古憲章，乃時有失體處。〔註79〕

又，釋道世《法苑珠林》云：

　　晉洛陽大市寺有安慧則，少無恆性，卓越異人，而工正書，善能談

　　吐。〔註80〕

又，《宣和書譜・正書敍論》云：

　　在漢建初，有王次仲者，始以隸字作楷法。所謂『楷法』者，今之

　　正書是也。〔註81〕

皆提及「正書」。

而楷書之所以或稱「正書」者，蓋以其典正有則。庾元威〈論書〉云：

　　所學正書，宜以殷鈞、范懷約爲主，方正循紀，修短合度。〔註82〕

「方正循紀，修短合度」本以狀述殷鈞與范懷約之正書；而殷、范二人之正書所以宜適合學習，實以其「方正循紀，修短合度」。故此二語亦可移作「正書」一名之註解。

〔註76〕張彥遠，《法書要錄》，卷二，頁52。
〔註77〕張彥遠，《法書要錄》，卷二，頁61。
〔註78〕張彥遠，《法書要錄》，卷三，頁73。篇末張彥遠跋曰：「晉右軍王羲之正書、行書目」云云，毛晉校注曰：「未見草書目。」蓋不知褚氏所謂「草書都五十八卷」，實含行書與草書。《墨池編》本「草書都五十八卷」作「行書都五十八卷」，恐非。
〔註79〕張彥遠，《法書要錄》，卷三，頁85。
〔註80〕釋道世撰，周叔迦、蘇晉仁校注，《法苑珠林校注》（北京：中華書局，2006），卷九五，頁2748。
〔註81〕孫過庭等，《唐人書學論著／宣和書譜》，卷三，頁75。
〔註82〕張彥遠，《法書要錄》，卷二，頁45。

正書或簡稱為「正」。韋續〈五十六種書并序〉云：

> 行書，正之小譌也。〔註83〕

（二）正楷

正書或稱為「正楷」。徐浩〈古蹟記〉云：

> 張芝章草，鍾繇正楷，時莫其先。〔註84〕

（三）正體

正書或稱為「正體」。虞龢〈論書表〉云：

> 獻之始學父書，正體乃不相似；至於絕筆章草，殊相擬類，筆迹流懌，宛轉妍媚，乃欲過之。〔註85〕

「正體」與「章草」並舉，其為書體名稱無疑。

又，李嗣眞〈書品後〉云：

> 右軍正體，如陰陽四時，寒暑調暢。……若草、行雜體，如清風出袖，明月入懷。〔註86〕

「正體」與「草、行雜體」並舉，其為書體名稱無疑。

（四）正隸

正書或稱為「正隸」。李嗣眞〈書品後〉云：

> 元常正隸，如郊廟既陳，俎豆斯在；又比寒澗豁，秋山嵯峨。〔註87〕

又云：

> 陸柬之學虞，草體用筆，則青出於藍。……正隸功夫恨少，不至高絕也。〔註88〕

後者將「正隸」與「草體」並舉，其為書體名稱無疑。

六、北碑、魏體、魏碑

南北朝時期盛行一種方筆楷書，其風格介乎漢代隸書與唐代楷書之間，用筆多方峻，結體茂密凝重，猶帶有漢隸遺意。清代末葉以來稱之為北碑、

〔註83〕陳思，《書苑菁華》，卷三，頁135。
〔註84〕張彥遠，《法書要錄》，卷三，頁97。
〔註85〕張彥遠，《法書要錄》，卷二，頁33〜34。
〔註86〕張彥遠，《法書要錄》，卷三，頁84〜85。
〔註87〕張彥遠，《法書要錄》，卷三，頁84。
〔註88〕張彥遠，《法書要錄》，卷三，頁89。

魏體或魏碑。

（一）北碑

「魏碑」又稱「北碑」，其用筆多方峻，結體茂密凝重，猶帶有漢隸遺意。阮元〈北碑南帖〉云：

> 隸字書丹於石最難，北魏、周、齊、隋、唐，變隸爲眞，漸失其本。
>
> 而其書碑也，必有波磔，雜以隸意；古人遺法猶多存者，重隸故也。
>
> 〔註89〕

或謂：因爲「在北朝相繼的各個王朝中以北魏的立國時間爲最長，後來就用「魏碑」來指稱包括東魏、西魏、北齊和北周在內的整個北朝的碑刻書法作品」〔註90〕。

其實，「魏碑」或「北碑」的時代不只不以北魏爲限，也不以北朝爲限。傳世的書蹟中，包括東晉〈王興之夫婦墓誌〉，南朝宋〈石門銘〉，甚至初唐〈等慈寺碑〉等，其書體也都屬於魏碑或北碑風格。只是因爲清代末年康有爲等人在推廣這種「猶帶有漢隸遺意」的楷書時，絕大部分的範本都是北朝、尤其是北魏的作品，故稱此種書體爲「北碑」或「魏碑」。

魏碑的書法質樸而遒秀。阮元〈南北書派論〉云：

> 我朝乾隆、嘉慶間，元所見所藏北朝石碑，不下七、八十種。其尤佳者，如：〈刁遵墓誌〉、〈司馬紹墓誌〉、〈高植墓誌〉、〈賈使君碑〉、〈高貞碑〉、〈高湛墓誌〉、〈孔廟乾明碑〉、〈鄭道昭碑〉、〈武平道興造像藥方記〉，建德、天保諸造像記，〈啓法寺〉、〈龍藏寺〉諸碑，直是歐、褚師法所由來，豈皆拙書哉！〔註91〕

故清代咸豐、同治年間，中國書壇盛行魏碑。康有爲《廣藝舟雙楫·尊碑第二》云：

> 迄於咸、同，碑學大播，三尺之童，十室之社，莫不口北碑，寫魏體，蓋俗尚成矣。〔註92〕

自阮元〈北碑南帖〉一文出，清代學者多稱呼北朝的楷書曰「北碑」。如：

〔註89〕華正書局，《歷代書法論文選》，頁593。

〔註90〕禚效鋒主編，《漢隸魏碑字典》（長春：吉林文史出版社，2013），卷首，〈漢隸魏碑簡介〉。

〔註91〕華正書局，《歷代書法論文選》，頁590～591。

〔註92〕康有爲著、祝嘉疏證，《廣藝舟雙楫疏證》，頁15。

包世臣《藝舟雙楫・歷下筆譚》云：

> 北碑畫勢甚長，雖短如黍米，細如纖毫，而出入收放、偃仰向背、
> 避就朝揖之法備具。〔註93〕

又云：

> 北碑字有定法，而出之自在，故多變態；唐人隸無定勢，而出之矜
> 持，故形板刻。〔註94〕

另如：劉熙載《藝概・書概》云：

> 余謂北碑固長短互見，不容相掩；然所長已不可勝學矣。〔註95〕

又云：

> 「篆尚婉而通」，南帖似之；「隸欲精而密」，北碑似之。〔註96〕

另如：康有為《廣藝舟雙楫・傳衛第十》云：

> 歐公多見北碑，故能作是語。〔註97〕

「北碑」之取名，蓋以其多為「北朝」時人所以書碑也。阮元〈南北書
派論〉云：

> 北朝族望質樸，不尚風流，拘守舊法，罕肯通變。惟是遭時亂離，
> 體格猥拙；然其筆法勁正遒秀，往往畫石出鋒，猶如漢隸。〔註98〕

阮元〈北碑南帖〉則云：

> 隸字書丹於石最難，北魏、周、齊、隋、唐，變隸為真，漸失其本。
> 而其書碑也，必有波磔，雜以隸意；古人遺法猶多存者，重隸故也。
> 〔註99〕

強調「北碑」之「雜以隸意」。

　　然而，此種「雜以隸意」的方筆楷書實乃南北朝所共同通行，如：東晉
〈王興之墓誌〉等多件墓誌、南朝宋〈爨龍顏碑〉、〈劉懷民墓誌〉……，固
與北朝碑刻一般，其書體為楷書，而「雜以隸意」。然則，何以將此種「雜以
隸意」的方筆楷書稱為「北碑」？蓋因南朝自晉代以後禁止立碑，故碑少；

〔註93〕包世臣著、祝嘉疏證，《藝舟雙楫疏證》，頁42。

〔註94〕包世臣著、祝嘉疏證，《藝舟雙楫疏證》，頁44。

〔註95〕劉熙載，《藝概》，卷五，頁150。

〔註96〕劉熙載，《藝概》，卷五，頁150。

〔註97〕康有為著、祝嘉疏證，《廣藝舟雙楫疏證》，卷三，頁102。

〔註98〕華正書局，《歷代書法論文選》，頁590～591。

〔註99〕華正書局，《歷代書法論文選》，頁593。

北朝則未嘗禁止立碑，故碑多。劉熙載《藝概·書概》云：

> 晉氏初禁立碑，語見任彥升爲范始興作〈求立太宰碑表〉。……此禁至齊未弛，故范表之所請，卒寢不行。北朝未有此禁，是以碑多。〔註100〕

而由於南朝碑少、北朝碑多，故將南北朝「雜以隸意」的方筆楷書統稱爲「北碑」。

此種「雜以隸意」的北碑楷書，宜歸屬於「銘石之書」的系統。

按：(傳)羊欣〈采古來能書人名〉謂鍾繇擅長三種書體，其「一曰銘石之書，最妙者也」。〔註101〕根據與鍾繇時代相彷彿的黃初三碑而論，鍾繇最妙的「銘石之書」，應係又名「八分」的漢隸。而「北碑」雖係楷書，然爲了「銘石」，故漢碑中「古人遺法猶多存者」；其「重隸」的情形，較之「章程書」小楷更爲明顯，其用筆亦較「章程書」更爲方峻。

（二）魏體

北碑之書法又稱「魏體」。康有爲《廣藝舟雙楫·尊碑第二》云：

> 涇縣包氏，以精敏之資，當金石之盛，傳完白之法，獨得蘊奧，大啓祕藏，箸爲《安吳論書》，表新碑，宣筆法，於是此學如日中天。迄於咸、同，碑學大播，三尺之童，十室之社，莫不口北碑，寫魏體，蓋俗尚成矣。〔註102〕

「口北碑，寫魏體」，謂口中談論北朝碑刻，手上書寫以元魏爲代表之方筆楷書。

《中國書法大辭典》「魏體」條云：

> 指北朝元魏時的書體，見於當時的石刻、摩崖、造像等。時楷書初興，脫出隸法，故體貌百變，而以方正凝重爲主，世稱「北碑體」，或以元魏三朝中北魏水平最高，又名之曰「魏體」。……代表作品有《石門銘》、《靈廟碑》、《鞠彥雲墓誌》、《暉福寺碑》、《弔比干墓文》、《孫秋生造像》、《始平公造像》、《楊大眼造像》、《解伯達造像》、《鄭文公碑》、《張猛龍碑》、《六十人造像》等等。……「魏體」與南方書法比較，發展較慢，……經阮元、包世臣、康有爲的鼓吹，學習「魏體」之風大熾，形成「碑學」。〔註103〕

〔註100〕劉熙載，《藝概》，卷五，頁148～149。
〔註101〕張彥遠，《法書要錄》，卷一，頁14。
〔註102〕康有爲著、祝嘉疏證，《廣藝舟雙楫疏證》，卷一，頁15。
〔註103〕梁披雲主編，《中國書法大辭典》(香港，書譜出版社，1984)，上冊，頁29。

而北碑書法之所以又稱「魏體」，蓋因北朝的各王朝中以北魏的立國時間為最長，北魏碑刻的數量最多，各種風格都俱備。康有為《廣藝舟雙楫・傳衛第十》云：

> 北碑莫盛於魏，莫備於魏。〔註104〕

故以「魏體」作為北碑書法之代稱。

（三）魏碑

北碑與魏體或稱為「魏碑」。

禚效鋒主編之《漢隸魏碑字典》中，其〈漢隸魏碑簡介〉云：

> 「魏碑」也稱「北碑」，是我國南北朝時期北朝文字刻石的通稱。
> 在北朝相繼的各個王朝中以北魏的立國時間為最長，後來就用「魏
> 碑」來指稱包括東魏、西魏、北齊和北周在內的整個北朝的碑刻書
> 法作品。……魏碑大體可分為碑刻、墓誌、造像題記和摩崖刻石四
> 種。著名的魏碑石刻有《龍門二十品》、《鄭文公碑》，以及雲鋒山
> 諸石刻、《石門銘》、《張玄墓誌銘》、《刁遵墓誌銘》等。〔註105〕

「魏碑」指風格介乎漢代隸書與唐代楷書之間的一種書體，其用筆多方峻，結體茂密凝重，猶帶有漢隸遺意。

若朱長文《墨池編・碑刻》有「魏碑」一項，其下收錄延康元年〈受禪壇碑〉等 11 件曹魏時期之碑刻；〔註106〕然則其所謂「魏碑」，乃指曹魏時期之碑刻而言，而非「南北朝時期北朝文字刻石」。

而康有為《廣藝舟雙楫・備魏第十》多次提及「魏碑」一名，如：

> 凡魏碑，隨取一家，皆足成體；盡為諸家，則為具美。……故言魏
> 碑，雖無南碑及齊周隋碑，亦無不可。〔註107〕

又如：

> 然則，三朝碑真無絕出新體者乎？曰：齊之〈雋修羅〉〈朱君山〉隋
> 之〈龍藏寺〉〈曹子建〉……四碑真可出魏碑之外，建標千古者也。
> 〔註108〕

其所謂的「魏碑」，其實皆指北魏時期之碑刻而言。

〔註104〕康有為著、祝嘉疏證，《廣藝舟雙楫疏證》，卷三，頁112。
〔註105〕禚效鋒等，《漢隸魏碑字典》，上冊，卷首。
〔註106〕朱長文，《墨池編》，卷十七，頁545。
〔註107〕康有為著、祝嘉疏證，《廣藝舟雙楫疏證》，卷三，頁113。
〔註108〕康有為著、祝嘉疏證，《廣藝舟雙楫疏證》，卷三，頁114。

第二節　楷書之書法淵源

　　由於楷書是中國最晚產生的一種書體，楷書自然會或多或少蘊含著先前篆、隸、草、行各種書體的成分。

　　從文字學的角度觀察，楷書的文字構造源自大篆或小篆，而多有訛變。從書法的角度觀察，楷書與隸、草、行三體的關係則更爲密切。

　　虞世南〈筆髓論・釋眞〉云：

> 體約八分，勢同章草。〔註109〕

意謂：楷書之形體簡化自漢代隸書，至於其筆勢則多與章草相同。冉令江〈漢末魏晉南北朝楷書的發生及其流變考論〉所謂「楷書……是在草書筆法的影響下，通過對隸書的簡化而形成的」，〔註110〕可以作爲「體約八分，勢同章草」一語之注腳。

　　唯楷書之書法除了「體約八分」與「勢同章草」之外，尚有一值得注意者，即若干楷書文字之筆順與行書相同，而與八分或章草有異。虞世南〈筆髓論・釋行〉則云：

> 行書之體，略同於眞。〔註111〕

此固自文字之形體而言；唯即使就書寫筆順看來，楷書顯然更多接近行書者。

一、字形的來源：「體約八分」

　　虞世南所謂「體約八分」之「八分」，指的是如乙瑛等孔廟三碑一類的漢代隸書。竊以爲：

> 王次仲造八分書時，應該是寫在一個個八分大小的方格上，以作爲習字的範本，所以叫「楷法」或「八分楷法」。而因爲文字的大小爲八分見方，遂將這種書體名叫「八分」，這其實是漢代人的一項習慣。
>
> 〔註112〕

　　就文字的形體而言，隸書實爲中國文字首次大幅度簡化。蔡邕〈隸勢〉云：

〔註109〕韋續《墨藪》，第十三，孫過庭等撰，《唐人書學論著／宣和書譜》，頁239。

〔註110〕中國書法院主編，《晉唐楷書研究》，頁130。

〔註111〕韋續《墨藪》，第十三，孫過庭等撰，《唐人書學論著／宣和書譜》，頁239。

〔註112〕郭伯佾，〈「八分」名義考釋——王愔「字方八分」說的再肯定〉，中華民國書法教育學會，《一九九〇年書法論文徵選入選論文集》之伍，頁5。

　　　　鳥跡之變，乃惟佐隸；蠲彼繁文，崇此簡易。〔註113〕

意謂：中國文字原本是從「鳥獸蹏迒之跡」之啓發而創造，故早期大、小二篆的字體象形意味濃厚，筆畫也顯得繁複。隸書（尤其是漢代隸書）乃刪除篆書過於繁複的筆畫，將圓曲的長線條改變爲平直短促的筆畫，轉彎處亦多用方折寫法，故其文字書寫較爲簡易。

　　漢代隸書簡化的方法可歸納爲縮短筆畫與減少筆畫兩種。〔註114〕其中，縮短筆畫的方法大致有六種——

　　1、截去超出於橫畫之上的豎畫，如：「曹」字，小篆作「**曹**」，〔註115〕漢隸一作「**曹**」。〔註116〕漢隸將小篆上段並排的二「東」左右相鄰之橫畫加以連接，且刪去左右並排的豎畫以及中段部分的筆畫，甚至還截去超出於橫畫之上的豎畫。

　　2、截去貫穿於橫畫之下的豎畫，如：「羔」字，小篆作「**羔**」，〔註117〕漢隸一作「**羔**」。〔註118〕漢隸把小篆下方之「火」省作三點，且將上段「羊」貫穿於第三橫之下的豎畫截去。

　　3、變橫向斜曲筆畫爲橫畫，如：「止」字，小篆作「**止**」，〔註119〕漢隸一作「**止**」。〔註120〕漢隸將小篆中豎右方之斜曲筆畫簡化爲一橫。

　　4、變縱向斜曲筆畫爲豎畫，如：「弈」字，小篆作「**弈**」，〔註121〕漢隸一作「**弈**」。〔註122〕漢隸不但把小篆上段「大」象人腿之一豎帶二斜畫變作二豎，且將下方「廾」之二斜曲筆畫簡化爲二豎畫。

　　5、分開搭黏的筆畫，例如：「爲」字，小篆作「**爲**」，〔註123〕漢隸一作

<hr/>

〔註113〕衛恆〈四體書勢〉引，房玄齡等，《晉書》，卷三十六，頁1065。
〔註114〕參見：郭伯佾，〈漢碑隸書的文字構成〉（臺北：中國文化大學藝術研究所碩士論文，1990），頁45～51。
〔註115〕丁福保，《說文解字詁林》，第四冊，頁1232。
〔註116〕二玄社，《漢韓仁銘／夏承碑》（東京，1981），頁39。餘見：李靜，《隸書字典》，頁274。
〔註117〕丁福保，《說文解字詁林》，第四冊，頁316。
〔註118〕二玄社，《漢韓仁銘／夏承碑》，頁46。餘見：李靜，《隸書字典》，頁420。
〔註119〕丁福保，《說文解字詁林》，第二冊，頁1396。
〔註120〕二玄社，《漢曹全碑》（東京，1980），頁7。餘見：李靜，《隸書字典》，頁356。
〔註121〕丁福保，《說文解字詁林》，第八冊，頁1039。
〔註122〕二玄社，《漢尹宙碑》（東京，1960），頁44。
〔註123〕丁福保，《說文解字詁林》，第三冊，頁961。

「象」。〔註124〕漢隸將小篆下方代表象腿以及象尾巴之四畫與象身分離開來。

6、變折曲筆畫爲斜畫，例如：「或」字，小篆作「或」，〔註125〕漢隸一作「或」。〔註126〕漢隸將小篆「戈」右下方之折曲筆畫變作一短斜。

至於漢代隸書減少筆畫的方法亦大致有六種——

1、刪減上下重疊的橫向筆畫，如：「乞」字，小篆作「气」，〔註127〕漢隸一作「亡」。〔註128〕漢隸將小篆中央之橫畫省去。

2、刪減左右並排的縱向筆畫，如：「典」字，小篆作「典」，〔註129〕漢隸一作「典」。〔註130〕漢隸將小篆並排之三豎畫中之一畫省去。

3、連接左右相鄰的橫向筆畫，如：「並」字，小篆作「並」，〔註131〕漢隸一作「並」。〔註132〕漢隸把小篆代表二人雙手之四短斜連作一橫，且將代表二人所分站之地面的二短橫連作一長橫。

4、連接上下相頂的縱向筆畫，如：「表」字，小篆作「表」，〔註133〕漢隸一作「表」。〔註134〕漢隸將小篆「衣」上方之短豎與「毛」中央之縱向斜曲筆畫連作一豎。

5、刪減文字中段繁複的筆畫，如：「晉」字，小篆作「晉」，〔註135〕漢隸一作「晉」。〔註136〕漢隸把小篆二「至」之上下兩組橫向筆畫各連作一橫，

〔註124〕二玄社，《漢史晨前後碑》（東京，1962），頁18。餘見：李靜，《隸書字典》，頁246。

〔註125〕丁福保，《説文解字詁林》，第十冊，頁316。

〔註126〕二玄社，《漢石門頌》（東京，1981），頁82。餘見：李靜，《隸書字典》，頁296。

〔註127〕丁福保，《説文解字詁林》，第二冊，頁413。

〔註128〕二玄社，《漢孟琁殘碑／張景造土牛碑》（東京，1975），頁29。餘見：李靜，《隸書字典》，頁17。

〔註129〕丁福保，《説文解字詁林》，第四冊，頁1167。

〔註130〕二玄社，《漢韓仁銘／夏承碑》，頁11。餘見：李靜，《隸書字典》，頁59。

〔註131〕丁福保，《説文解字詁林》，第八冊，頁1079。

〔註132〕李靜，《隸書字典》，頁11引〈漢武氏祠〉；唯未見於二玄社，《漢武氏祠畫像題記》（東京，1981）。

〔註133〕丁福保，《説文解字詁林》，第七冊，頁441。

〔註134〕二玄社，《漢韓仁銘／夏承碑》，頁21。餘見：李靜，《隸書字典》，頁447。

〔註135〕丁福保，《説文解字詁林》，第六冊，頁32。

〔註136〕李靜，《隸書字典》，頁268引〈漢袁博碑〉。

且將中段之兩組斜曲筆畫省去。

6、變左右搭黏的橫向筆畫爲一橫畫，如：「因」字，小篆作「因」，〔註137〕漢隸一作「因」。〔註138〕漢隸將小篆「囗」中兩組左右搭黏之橫向筆畫各變爲一橫。

經由縮短筆畫與減少筆畫的簡化步驟，隸書的文字形體遂與篆書大有不同。張繼云：

> 由於隸書減去篆書部分形體，結構由繁複而簡單，又截斷小篆過長的上引下垂筆畫，形成隸書方正形狀，基本奠定方塊漢字的基礎。左伸右展，分張外拓的波磔筆畫，也使隸書由小篆縱勢轉向橫勢，字形扁平，造就成隸書中宮緊密，重心居中（不像小篆的重心偏高或偏低）、形體緊密特點。〔註139〕

楷書的文字形體主要承襲自漢代隸書，故其結體亦具有「重心居中、形體緊密」之特點；唯楷書之文字形體較隸書顯得更爲精簡。盧中南云：

> 楷書形態從整體上看，簡潔、方正，……框架結構開放，不像隸書左右伸展。〔註140〕

而龍異騰則云：

> 楷書由隸書發展演變而來，……楷書與隸書的區別主要在於書寫體勢上。……，至於形體結構，隸書和楷書很少有差別。〔註141〕

楷書之簡化漢隸形體，主要表現在縮短筆畫方面，尤其是橫向長畫的波尾之省去。試比較〈千字文〉前二句八字的隸書與楷書的形體，即不難瞭解楷書「體約八分」之一斑——

1、「天」字，漢隸一作「天」，〔註142〕楷書一作「天」。〔註143〕

2、「地」字，漢隸一作「地」，〔註144〕楷書一作「地」。〔註145〕

〔註137〕丁福保，《說文解字詁林》，第五冊，頁1117。

〔註138〕二玄社，《漢尹宙碑》（東京，1982），頁9。餘見：李靜，《隸書字典》，頁115。

〔註139〕張繼，《隸書研究》（北京：華文出版社，2014），頁141。

〔註140〕盧中南，《楷書研究》，頁13。

〔註141〕龍異騰，《基礎漢字學》（成都：巴蜀書社，2002），頁64。

〔註142〕二玄社，《漢西狹頌》（東京，1982），頁9。餘見：李靜，《隸書字典》，頁171。

〔註143〕二玄社，《隋智永關中本千字文》（東京，1984），頁3。

〔註144〕二玄社，《漢西嶽華山廟碑》（東京，1984），頁11。餘見：李靜，《隸書字典》，頁184～185。

〔註145〕二玄社，《隋智永關中本千字文》，頁3。餘見：李志賢等編著，《中國正書大

3、「玄」字，漢隸一作「**玄**」，〔註146〕楷書一作「**玄**」。〔註147〕

4、「黃」字，漢隸一作「**黃**」，〔註148〕楷書一作「**黃**」。〔註149〕

5、「宇」字，漢隸一作「**宇**」，〔註150〕楷書一作「**宇**」。〔註151〕

6、「宙」字，漢隸一作「**宙**」，〔註152〕楷書一作「**宙**」。〔註153〕

7、「洪」字，漢隸一作「**洪**」，〔註154〕楷書一作「**洪**」。〔註155〕

8、「荒」字，漢隸一作「**荒**」，〔註156〕楷書一作「**荒**」。〔註157〕

當然，楷書文字形體之精簡隸書，也是逐漸改變的。黃長睿〈跋陳碧虛所書相鶴經後〉云：

> 自秦易篆爲佐隸，至漢世去古未遠，當時正隸體尚有篆籀意。厥後魏鍾元常、士季及晉王世將、逸少、子敬作小楷，濫皆出於遷就漢隸，運筆結體既圓勁淡雅，字率扁而弗楕。今傳世者，若鍾書〈力命表〉、〈尚書宣示〉、世將上晉元帝二表、逸少〈曹娥帖〉、大令〈洛神帖〉，雖經摹拓，而古隸典刑具在。至江左六朝，若謝宣城、蕭挹輩，雖不以書名，至其小楷若〈齊海陵王志〉、〈開善寺碑〉，猶有鍾、王遺範。至陳、隋間正書，結字漸方，唐初猶爾。獨歐陽率更、虞

字典》，頁 337。

〔註146〕二玄社，《漢禮器碑》（東京，1982），頁 14。餘見：李靜，《隸書字典》，頁 368。

〔註147〕二玄社，《隋智永關中本千字文》，頁 3。餘見：李志賢等編著，《中國正書大字典》，頁 778。

〔註148〕二玄社，《漢西狹頌》，頁 13。餘見：李靜，《隸書字典》，頁 583。

〔註149〕二玄社，《隋智永關中本千字文》，頁 3。餘見：李志賢等編著，《中國正書大字典》，頁 1393。

〔註150〕二玄社，《漢西嶽華山廟碑》，頁 32。餘見：李靜，《隸書字典》，頁 131。

〔註151〕二玄社，《隋智永關中本千字文》，頁 3。餘見：李志賢等編著，《中國正書大字典》，頁 246。

〔註152〕二玄社，《漢尹宙碑》，頁 6。餘見：李靜，《隸書字典》，頁 135。

〔註153〕二玄社，《隋智永關中本千字文》，頁 3。餘見：李志賢等編著，《中國正書大字典》，頁 249。

〔註154〕上海書畫出版社，《漢鮮于璜碑》（上海，2001），頁 15。餘見：李靜，《隸書字典》，頁 315。

〔註155〕二玄社，《隋智永關中本千字文》，頁 3。餘見：李志賢等編著，《中國正書大字典》，頁 644。

〔註156〕二玄社，《漢西嶽華山廟碑》，頁 28。餘見：李靜，《隸書字典》，頁 435。

〔註157〕二玄社《隋智永關中本千字文》，頁 3。餘見：李志賢等編著，《中國正書大字典》，頁 959。

永興易方爲長，以就姿媚；後人競效之，遽不及二人遠甚，鍾、王楷灋彌遠矣。〔註158〕

包世臣〈歷下筆談〉則云：

秦程邈作隸書，……，蓋省篆之環曲以爲易直。……及中郎變隸而作八分。……魏晉以來，皆傳中郎之法，則又以八分入隸，始成今眞書之形。是以六朝至唐，皆謂眞書爲隸。……竊謂大篆多取象形，體勢錯綜；小篆就大篆減爲整齊，隸就小篆減爲平直，分則縱隸而出以駿發，眞又約分勢而歸於遒麗，相承之故，端的可尋。〔註159〕

其中，「約分勢而歸於遒麗」可作爲「體約八分」之注解。

二、點畫的來源：「勢同章草」

虞世南所謂「勢同章草」之「章草」，乃漢代草書之別稱，蓋因擬寫章程等公文書之草稿而得名。〔註160〕「草書」原作「艸書」。許慎《說文解字・敘》云：

漢興，有艸書。〔註161〕

而根據漢代文獻中「漢興」一詞之用法，草書應產生於漢宣帝之前。〔註162〕主要是爲了提升文字書寫的速度，而「解散隸體，粗書之」。〔註163〕即離析隸書形體而存其大略，亦即是將隸書粗糙書寫。既然是將隸書粗糙書寫，本應稱爲「糙書」；唯因漢時尚未造「糙」字，遂假借讀音近似之「艸」字替代，而作「艸書」，後世亦作「草書」。〔註164〕

漢代草書繼秦書八體之後而產生，爲了加快書寫的速度，除了縮短或減省筆畫，也常有牽帶筆畫與連接筆畫之情形。〔註165〕索靖〈草書狀〉云：

草書之爲狀也，……虫蛇虬蟉，或往或還。……離析八體，靡形不

〔註158〕黃長睿，《東觀餘論》（臺北：漢華文化事業公司，1974），下卷。

〔註159〕包世臣著、祝嘉疏證，《藝舟雙楫疏證》（臺北：華正書局，1980），頁32。

〔註160〕擬寫章程等公文書草稿之書體稱爲「章草」，而謄繕章程等公文書正本之書體則稱爲「章程書」或「章楷」。「『章楷』、『章草』恰相匹對。」劉延濤，《草書通論》（臺北：中國文化大學出版部，1983），頁12。

〔註161〕丁福保，《說文解字詁林》，第十一冊，頁901。

〔註162〕參見：郭伯佾，《漢代草書的產生》（臺北：花木蘭文化出版社，2017），頁35。

〔註163〕張懷瓘《書斷》，卷上〈章草〉引王愔之說，見：張彥遠，《法書要錄》，卷七，頁205。

〔註164〕參見：郭伯佾，《漢代草書的產生》，頁54～55。

〔註165〕參見：郭伯佾，《漢代草書的產生》，頁148～179。

判：去繁存微，大象未亂。〔註166〕

其中，「去繁存微，大象未亂」，指其縮短與減省筆畫；而「虫蛇虬蟉，或往或還」，則比喻其筆畫牽連之狀。例如——

（一）章草縮短筆畫之方法大致有五種——

1、截去超出於橫畫之上的豎畫，如：「車」字，漢隸一作「車」，〔註167〕章草一作「車」。〔註168〕

2、截去貫穿於橫畫之下的豎畫，如：「告」字，漢隸一作「告」，〔註169〕章草一作「告」。〔註170〕

3、變橫向斜曲筆畫爲橫畫，如：「吏」字，漢隸一作「吏」，〔註171〕章草一作「吏」。〔註172〕

4、變縱向斜曲筆畫爲豎畫，如：「尉」字，漢隸一作「尉」，〔註173〕章草一作「尉」。〔註174〕

5、變長筆畫爲點，如：「赤」字，漢隸一作「赤」，〔註175〕章草一作「赤」。〔註176〕

（二）章草減省筆畫之方法大致有五種——

1、刪減上下重疊之橫向筆畫，如：「書」字，漢隸一作「書」，〔註177〕章草一作「書」。〔註178〕

〔註166〕房玄齡等，《晉書》，卷六十，〈索靖傳〉，頁1649。
〔註167〕二玄社，《漢史晨前後碑》，頁64。餘見：李靜，《隸書字典》，頁515。
〔註168〕陸錫興，《漢代簡牘草字編》（上海：上海書畫出版社，1989），頁269。
〔註169〕二玄社，《漢張景造土牛碑》（東京，1975），頁34。餘見：李靜，《隸書字典》，頁103。
〔註170〕北川博邦，《章草大字典》（東京：雄山閣出版株式會社，1994），頁77。
〔註171〕二玄社，《漢乙瑛碑》（東京，1980），頁44。餘見：李靜，《隸書字典》，頁100。
〔註172〕陸錫興，《漢代簡牘草字編》，頁2。
〔註173〕二玄社，《漢武氏祠畫像題字》（東京，1981），頁61。餘見：李靜，《隸書字典》，頁166。
〔註174〕陸錫興，《漢代簡牘草字編》，頁199。
〔註175〕二玄社，《漢史晨前後碑》，頁17。餘見：伏見冲敬，《書法大字典》，下冊，頁2133。
〔註176〕陸錫興，《漢代簡牘草字編》，頁201。
〔註177〕二玄社，《漢乙瑛碑》，頁5。餘見：李靜，《隸書字典》，頁274。
〔註178〕陸錫興，《漢代簡牘草字編》，頁58。

2、刪減左右並排之縱向筆畫，如：「此」字，漢隸一作「此」，〔註179〕章草一作「比」。〔註180〕

3、刪減文字中段繁複之筆畫，如：「當」字，漢隸一作「當」，〔註181〕章草一作「當」。〔註182〕

4、刪減文字上部之筆畫，如：「長」字，漢隸一作「長」，〔註183〕章草一作「以」。〔註184〕

5、刪減文字左旁之筆畫，如：「陽」字，漢隸一作「陽」，〔註185〕章草一作「陽」。〔註186〕

（三）章草連接筆畫之方法大致有二種——

1、由左至右之順向連接筆畫，如：「門」字，漢隸一作「門」，〔註187〕章草一作「冂」。〔註188〕

2、由上至下之順向連接筆畫，如：「落」字，漢隸一作「落」，〔註189〕章草一作「落」。〔註190〕

（四）章草牽帶筆畫之方法大致有四種——

1、由上至下之順向牽帶筆畫，如：「樂」字，漢隸一作「樂」，〔註191〕章草一作「樂」。〔註192〕

〔註179〕二玄社，《漢封龍山頌》（東京，1976），頁 36。餘見：李靜，《隸書字典》，頁 357。

〔註180〕陸錫興，《漢代簡牘草字編》，頁 27。

〔註181〕二玄社，《漢乙瑛碑》頁 26。餘見：李靜，《隸書字典》，頁 398。

〔註182〕陸錫興，《漢代簡牘草字編》，頁 257。

〔註183〕二玄社，《漢禮器碑》（東京，1982），頁 43。餘見：李靜，《隸書字典》，頁 546。

〔註184〕陸錫興，《漢代簡牘草字編》，頁 191。

〔註185〕二玄社，《漢史晨前後碑》，頁 49。餘見：李靜，《隸書字典》，頁 552。

〔註186〕陸錫興，《漢代簡牘草字編》，頁 270。

〔註187〕二玄社，《漢石門頌》，頁 61。餘見：李靜，《隸書字典》，頁 539。

〔註188〕陸錫興，《漢代簡牘草字編》，頁 223。

〔註189〕二玄社，《漢張遷碑》（東京，1981），頁 26。餘見：伏見冲敬，《書法大字典》，下冊，頁 1913。

〔註190〕陸錫興，《漢代簡牘草字編》，頁 10。

〔註191〕二玄社，《漢禮器碑》，頁 10。餘見：李靜，《隸書字典》，頁 348。

〔註192〕陸錫興，《漢代簡牘草字編》，頁 111。

2、由右至左之順向牽帶筆畫，如：「地」字，漢隸一作「地」，〔註193〕章草一作「地」。〔註194〕

3、由左下至右上之逆向牽帶筆畫，如：「雜」字，漢隸一作「雜」，〔註195〕章草一作「雜」。〔註196〕

4、由右下至左上之逆向牽帶筆畫，如：「校」字，漢隸一作「校」，〔註197〕章草一作「校」。〔註198〕章草右旁之「交」先寫一橫，橫畫末端往左上牽帶，接著寫左方之曲折筆畫，最後再寫右方之斜畫。

至於上引〈筆髓論〉所謂「勢同章草」的「勢」，蓋爲「筆勢」之簡稱；即王僧虔〈論書〉所謂「商略筆勢，洞達字體」之「筆勢」。〔註199〕「筆勢」指書法運筆之力量、速度與方向之掌控及其所產生之美感而言；亦即筆法中之「筆鋒的運動形式」以及「各種筆法所產生的線條的審美價值」。〔註200〕盧巂〈臨池要訣〉謂「第一用紙筆，第二認勢，第三裹束」，〔註201〕所謂「認勢」，蓋謂辨明筆勢之意。至於《晉書・王羲之傳》云：

義之……尤善隸書，爲古今之冠，論者稱其筆勢，以爲飄若浮雲，矯若驚龍。〔註202〕

即謂王羲之運筆之力量、速度與方向，在其書法作品上所呈現效果，既像浮雲般的飄遊自在，又似驚龍般的矯捷有力。

章草筆勢之爲楷書所承襲者，主要爲波尾消失之橫畫、各種筆畫縮短後之點以及因順勢牽帶筆鋒所造成的勾與挑；這些筆畫改變，逐漸演化爲唐人所謂之「永字八法」。以下試以漢簡〈神烏傳〉中之文字爲例，探索楷書筆勢之原由——

〔註193〕二玄社，《漢西嶽華山廟碑》（東京，1984），頁11。餘見：李靜，《隸書字典》，頁185。

〔註194〕陸錫興，《漢代簡牘草字編》，頁251。

〔註195〕二玄社，《漢乙瑛碑》，頁36。餘見：李靜，《隸書字典》，頁557。

〔註196〕陸錫興，《漢代簡牘草字編》，頁171。

〔註197〕二玄社，《漢石門頌》，頁635。餘見：李靜，《隸書字典》，頁341。

〔註198〕陸錫興，《漢代簡牘草字編》，頁112。

〔註199〕張彥遠，《法書要錄》，卷一，頁26。

〔註200〕邱振中，《筆法與章法》（上海：上海書畫出版社，2003），頁2。

〔註201〕陳思，《書苑菁華》，卷十九，頁711。

〔註202〕房玄齡等，《晉書》，卷八十，〈王羲之傳〉，頁2093。

　　1、「虫」字〈神烏傳〉作「![虫]」，〔註203〕其末畫收筆向下迴轉，此即「永字八法」中之「側」法，一曰「點」勢。餘如：「頗」字、「去」字、「官」字、「格」字、「相」字、「意」字、「不」字、「涕」字、「棄」字……等，〔註204〕亦皆有如楷書般之「點」勢。

　　2、「不」字，〈神烏傳〉一作「![不]」，〔註205〕首畫收尾先微微上提，再往下按，最後再向左迴收；此即「永字八法」中之「勒」法，一曰「橫」勢。餘如：「其」字、「何」字、「去」字、「索」字、「吐」字、「落」字、「姓」字、「產」字、「支」字……等，〔註206〕亦皆有如楷書般之「橫」勢。

　　3、「姓」字，〈神烏傳〉一作「![姓]」，〔註207〕此即「永字八法」中之「努」法，一曰「豎」勢。餘如：「陽」字、「懼」字、「申」字、「惶」字、「卒」字……等，〔註208〕亦皆有如楷書般之「豎」勢。

　　4、「洋」字，〈神烏傳〉一作「![洋]」，〔註209〕其右旁中畫末端向上勾起，此即「永字八法」中之「趯」法，一曰「勾」勢。餘如：「此」字、「德」字、「昆」字、「孔」字、「見」字、「他」字、「不」字……等，〔註210〕亦皆有如楷書般之「勾」勢。

　　5、拱「折」字，〈神烏傳〉一作「![折]」，〔註211〕此即「永字八法」中之「策」法，一曰「挑」勢。餘如：「孰」字、「孔」字、「我」字、「深」字、「能」

〔註203〕上海書畫出版社，《西漢草書神烏傳》（上海，2003），頁1（2A）、頁3（4B）。

〔註204〕上海書畫出版社，《西漢草書神烏傳》，「頗」：頁1（2C）；「去」：頁2（3C）、頁17（18A）；「官」：頁2（3C）；「格」：頁2（3C）；「相」：頁3（4A）；「意」：頁8（9C）；「不」：頁10（11C）、頁11（12B上）；「涕」：頁13（14A）、頁16（17A）；「棄」：頁16（17C）。

〔註205〕上海書畫出版社，《西漢草書神烏傳》，頁11（12B）。

〔註206〕上海書畫出版社，《西漢草書神烏傳》，其：頁1（2B）、頁11（12A、頁12C）、頁12（13B、13C）。「何」：頁2（3A）；「去」：頁3（4B）；「索」：頁4（5A）；「吐」：頁5（6A）；「落」：頁5（6C）；「姓」：頁6（7C）；「產」：頁12（13B）；「支」：頁15（16B）。

〔註207〕上海書畫出版社，《西漢草書神烏傳》，頁1（2B）。

〔註208〕上海書畫出版社，《西漢草書神烏傳》，「陽」：頁1（2A）；「懼」：頁2（3B）、頁15（16A）；「申」：頁9（10B）、頁12（13A）；「惶」：頁15（16A）；「卒」：頁15（16C）。

〔註209〕上海書畫出版社，《西漢草書神烏傳》，頁3（4A）。

〔註210〕上海書畫出版社，《西漢草書神烏傳》，「此」：頁2（3B）；「德」：頁3（4A）；「昆」：頁3（4B）；「孔」：頁3（4B）；「見」：頁4（5B）；「他」：頁11（12B）；「不」：頁12（13A）。

〔註211〕上海書畫出版社，《西漢草書神烏傳》，頁15（16C）。

字⋯⋯等，〔註212〕亦皆有如楷書般之「挑」勢。

6、「身」字，〈神烏傳〉一作「**身**」，〔註213〕此即「永字八法」中之「掠」法，一曰「長撇」勢。餘如：「爲」字、「利」字、「頗」字、「夫」字、「危」字、「居」字⋯⋯等，〔註214〕亦皆有如楷書般之「長撇」勢。

7、「仁」字，〈神烏傳〉一作「**仁**」，〔註215〕此即「永字八法」中之「啄」法，一曰「短撇」勢。餘如：「烏」字、「義」字、「取」字、「行」字、「敢」字、「得」字⋯⋯等，〔註216〕亦皆有如楷書般之「短撇」勢。

8、「及」字，〈神烏傳〉一作「**及**」，〔註217〕此即「永字八法」中之「磔」法，一曰「捺」勢。餘如：「今」字、「支」字、「不」字、「人」字、「反」字⋯⋯等，〔註218〕亦皆有如楷書般之「捺」勢。

三、筆順的來源：行書

所謂「筆順」，古人稱爲「發筆先後」或「下筆先後」，〔註219〕亦稱爲「先後筆」。〔註220〕「筆順」不只是文字書寫時筆畫的恰當順序，也是安排文字的架構時較爲順手的先後關係。筆順寫對，結體才會妥貼，筆畫之間才會血脈連貫，寫出來的文字才會氣韻生動。例如：〈蘭亭敘〉「至」字作「**至**」，〔註221〕寫完上半段的末點之後，隨即寫下半段的中豎，最後再寫兩橫畫。這種書寫

〔註212〕上海書畫出版社，《西漢草書神烏傳》，「埶」：頁 1（2A）；「孔」：頁 3（4B）；「我」：頁 4（5C）；「深」：頁 5（6B）；「能」：頁 10（11C）、頁 11（12B）。

〔註213〕上海書畫出版社，《西漢草書神烏傳》，頁 5（6C）。

〔註214〕上海書畫出版社，《西漢草書神烏傳》，「爲」：頁 3（4C）；「利」：頁 4（5C）；「頗」：頁 5（6B）「夫」：頁 12（13C）；「危」：頁 14（15A）；「居」：頁 17（18B）。

〔註215〕上海書畫出版社，《西漢草書神烏傳》，頁 1（2C）、頁 3（4B）、頁 12（13A）。

〔註216〕上海書畫出版社，《西漢草書神烏傳》，「烏」：頁 1（2B）、頁 3（4B）；「義」：頁 1（2C）；「取」：頁 4（5B）、頁 5（6B）、頁 10（11C）；「行」：頁 1（2C）、頁 5（6B）；「敢」：頁 10（11A）；「得」：頁 17（18B）。

〔註217〕上海書畫出版社，《西漢草書神烏傳》，頁 3（4B）。

〔註218〕上海書畫出版社，《西漢草書神烏傳》，「今」：頁 2（3A）；「支」：頁 3（4A）；「不」：頁 10（11A）；「人」：頁 14（15A）；「反」：頁 16（17B）。

〔註219〕佚名，《書法三昧》七「發筆先後」見：《佩文齋書畫譜》，卷四，頁 111 引。張紳《法書通釋》卷上，頁 45 則引作「下筆先後」。見：楊家駱，《明人書學論著》之 25。

〔註220〕趙宧光，《寒山帚談》，卷上，頁 16，楊家駱，《明人書學論著》之 19。

〔註221〕二玄社，《蘭亭敘七種》（東京：1982），頁 24。

的順序，顯然較寫完上半段的末點之後，隨即寫下半段的上橫，要更順手。
又如：〈泰山刻石〉小篆「山」字作「山」，〔註222〕有人從中間豎畫先寫起，
致使中間下端左右兩斜曲筆畫無法順利搭連左右兩轉角；〔註223〕假如先寫左
豎轉下橫，次寫右豎轉接下橫，最後再寫中豎並往左右斜曲，則中間左右兩
斜曲筆畫很容易搭連左右兩轉角。

　　就書法淵源而論，楷書除了「體約八分，勢同章草」之外，楷書還承襲
了行書之筆順。根據出土的漢代書跡，顯然「楷書是將行書筆法與結構不斷
規範化的結果」；〔註224〕而因為楷書乃是繼行書之後而產生之書體，故亦承襲
了行書之筆順。

　　按：「行書」一名，當是「行理書」之簡稱，主要用以寫信，故云「相聞
者也」；作「行狎書」或「行押書」，皆誤。〔註225〕

　　根據實例分析，篆、隸、草、行、楷各種書體之筆順往往互有異同，不
能一概而論。以下試以楷書為中心來比較，舉例說明。

（一）楷書文字之筆順，有與篆、隸、草、行各體皆相同者，
如——

　　1、「九」字，唐代楷書作「九」，〔註226〕先寫左方縱向斜曲筆畫，再寫
橫向曲折筆畫。其筆順與小篆「九」、〔註227〕漢隸「九」、〔註228〕章草「九」

〔註229〕及行書「九」〔註230〕皆相同。

〔註222〕二玄社，《秦泰山刻石／瑯邪台刻石》，頁7。

〔註223〕曾紹杰編，《泰山‧瑯邪台刻石》（東京：二玄社，1987），《書道技法講座》
　　　　第三十九種，頁19。

〔註224〕王鏞，《中國書法全集》（北京：榮寶齋出版社，1992），第九卷，《秦漢金文
　　　　陶文》，頁10。或謂「楷書再經過簡化而成為以實用為本位者，即為行書」，
　　　　見：神田喜一郎，〈中國書道史2漢〉，戴蘭村譯，《書道全集》（臺北：大陸
　　　　書店，1989），第二卷，頁8。此說與史實不符。

〔註225〕參見：郭伯佾，〈行書的起源及其特質——從「典藏行草展」說起〉，臺北市
　　　　立美術館，《現代美術》，1991年6月第36期。

〔註226〕二玄社，《唐昭仁寺碑》，頁57。餘見：李志賢等編，《中國正書大字典》，頁
　　　　23～24。

〔註227〕丁福保，《說文解字詁林》，第十一冊，頁574。

〔註228〕二玄社，《漢乙瑛碑》，頁43。餘見：李靜，《隸書字典》，頁16。

〔註229〕北川博邦，《章草大字典》，頁12。

〔註230〕二玄社，《東晉王羲之集字聖教序》（東京：1984），頁31。餘見：杭迫柏樹
　　　　編，《王羲之書法字典》（北京：中國青年出版社，1999），頁28。

2、「介」字，唐代楷書一作「𠆢」，〔註231〕先寫立「人」，再寫左右兩斜畫。其筆順與小篆「𠇊」、〔註232〕漢隸「不」、〔註233〕章草「𠇊」〔註234〕及行書「𠆢」〔註235〕皆相同。唐代楷書另有「介」字作「介」，〔註236〕將「人」置於字之上方，唯其筆順則不變。

3、「及」字，唐代楷書作「及」，〔註237〕先寫左方長撇，次寫上方短橫帶折，最後寫下方之「又」。〔註238〕其筆順與小篆「𢎪」、〔註239〕漢隸「爻」、〔註240〕章草「及」〔註241〕及行書「及」〔註242〕皆相同。

4、「隻」字，唐代楷書作「隻」，〔註243〕第一筆寫上方撇畫，次寫上方之點帶左折，次寫左方長豎，次寫上橫，次寫右豎，次寫三橫，最後再寫下方之「又」。其筆順與小篆「𨾥」、〔註244〕漢隸「隻」、〔註245〕章草「隻」〔註246〕及行書「隻」〔註247〕皆相同。唯行書爲行筆方便，先寫完四橫之後，再將「隹」之中豎帶「又」之撇畫作一筆寫，實爲變例。

〔註231〕二玄社，《唐昭仁寺碑》，頁15。餘見：李志賢等編，《中國正書大字典》，頁41～42。
〔註232〕丁福保，《說文解字詁林》，第二冊，頁994。
〔註233〕李靜，《隸書字典》，頁28引〈漢校官潘乾碑〉。
〔註234〕北川博邦，《章草大字典》，頁20。
〔註235〕二玄社，《唐李懷琳絕交書》（東京，1974），頁10。餘見：伏見沖敬，《書法大字典》，上冊，頁66。
〔註236〕二玄社，《唐顏眞卿顏勤禮碑》，頁83。餘見：伏見沖敬，《書法大字典》，頁66。
〔註237〕二玄社，《唐虞世南孔子廟堂碑》，頁8。餘見：李志賢等編，《中國正書大字典》，頁168。
〔註238〕參見：唐彪，〈父師善誘法五十字式〉，顧大我，《楷書筆畫名稱及筆順研究》（臺北：臺灣商務印書館，1982），頁199引。
〔註239〕丁福保，《說文解字詁林》，第三冊，頁1030。
〔註240〕二玄社，《漢曹全碑》，頁14。餘見：李靜，《隸書字典》，頁91。
〔註241〕北川博邦，《章草大字典》，頁69。
〔註242〕二玄社，《東晉王羲之集字聖教序》，頁9。餘見：杭迫柏樹編，《王羲之書法字典》，頁119～120。
〔註243〕二玄社，《唐褚遂良雁塔聖教序》，頁20。餘見：李志賢等編，《中國正書大字典》，頁1302。
〔註244〕丁福保，《說文解字詁林》，第四冊，頁221。
〔註245〕李靜，《隸書字典》，頁555引〈漢元嘉畫像題字〉。
〔註246〕伏見沖敬，《書法大字典》，下冊，頁2385引杜家立成書。
〔註247〕二玄社，《東晉王羲之集字聖教序》，頁13。

5、「必」字，唐代楷書作「必」，〔註248〕先寫上點及撇畫，次寫橫勾，最後再寫左右兩點。〔註249〕其筆順與小篆「秘」、〔註250〕漢隸「必」、〔註251〕章草「必」〔註252〕及行書「必」〔註253〕皆相同。

（二）楷書文字之筆順，有與隸、草、行各體相同而與篆書不同者，
　　　如——

1、「木」字，唐代楷書作「木」，〔註254〕第一筆寫橫畫，次寫豎畫，次寫撇畫，最後再寫捺畫。其筆順與漢隸「木」、〔註255〕章草「木」〔註256〕及行書「木」〔註257〕相同，而與小篆「木」〔註258〕之將中豎作爲第一筆書寫有異。

2、「非」字，唐代楷書作「非」，〔註259〕先寫左旁縱向筆畫，次寫其左方之三短橫；次寫右旁豎畫，最後再寫其右方之三短橫。〔註260〕其筆順與漢隸「非」、〔註261〕章草「非」〔註262〕及行書「非」〔註263〕相同，而與小篆「非」〔註264〕先寫中央兩豎，再由上而下寫左右對稱之三組筆畫有異。

〔註248〕二玄社，《唐歐陽詢皇甫誕碑》，頁 25。餘見：李志賢等編，《中國正書大字典》，頁 441～442。

〔註249〕參見：佚名，《書法三昧》之七〈發筆先後〉。《佩文齋書畫譜》，卷四，頁 111 引。

〔註250〕丁福保，《説文解字詁林》，第二冊，頁 1008。

〔註251〕二玄社，《漢石門頌》，頁 57。餘見：李靜，《隸書字典》，頁 227。

〔註252〕北川博邦，《章草大字典》，頁 158。

〔註253〕二玄社，《東晉王羲之尺牘1》（東京，1978），頁 8。餘見：杭迫柏樹編，《王羲之書法字典》，頁 244。

〔註254〕二玄社，《唐昭仁寺碑》，頁 57。餘見：李志賢等編，《中國正書大字典》，頁 688～689。

〔註255〕二玄社，《漢武氏祠畫像題字》，頁 16。餘見：李靜，《隸書字典》，頁 332。

〔註256〕北川博邦，《章草大字典》，頁 216。

〔註257〕二玄社，《唐褚遂良法帖集》（東京，1983），頁 8。

〔註258〕丁福保，《説文解字詁林》，第五冊，頁 417。

〔註259〕二玄社，《唐昭仁寺碑》，頁 55。餘見：李志賢等編，《中國正書大字典》，頁 1314。

〔註260〕參見：陳舜齊，〈筆順法則〉第四條及第九條，顧大我，《楷書筆畫名稱及筆順研究》，頁 106 引。

〔註261〕二玄社，《漢韓仁銘／夏承碑》，頁 11。餘見：李靜，《隸書字典》，頁 559。

〔註262〕北川博邦，《章草大字典》，頁 506。

〔註263〕二玄社，《東晉王羲之集字聖教序》，頁 19。餘見：杭迫柏樹編，《王羲之書法字典》，頁 607。

〔註264〕丁福保，《説文解字詁林》，第九冊，頁 922。

3、「分」字，唐代楷書一作「分」，〔註265〕第一筆寫「八」之撇，次寫「刀」之撇與折勾，最後再寫右上之捺。〔註266〕其筆順與漢隸「分」、〔註267〕章草「分」〔註268〕及行書「分」〔註269〕相同，而與小篆「分」〔註270〕之先寫完上方之「八」再寫下方之「刀」有異。唐代楷書另有「分」字作「分」，〔註271〕其筆順則與小篆相同，而與隸、草、行有異。

4、「火」字，唐代楷書作「火」，〔註272〕先寫左點，次寫右上短撇，次寫中央常撇，最後寫捺畫。〔註273〕其筆順與漢隸「火」、〔註274〕章草「火」〔註275〕及行書「火」〔註276〕相同，而與小篆「火」〔註277〕之先寫中央豎畫有異。

5、「子」字，唐代楷書作「子」，〔註278〕先寫上橫帶折，次寫中央綽勾，最後再寫長橫。〔註279〕其筆順與漢隸「子」、〔註280〕章草「子」〔註281〕及

〔註265〕二玄社，《唐昭仁寺碑》，頁34。餘見：李志賢等編，《中國正書大字典》，頁109。

〔註266〕參見：佚名，《書法三昧》之七〈發筆先後〉。《佩文齋書畫譜》，卷四，頁111引。

〔註267〕二玄社，《漢石門頌》，頁76。餘見：李靜，《隸書字典》，頁65。

〔註268〕北川博邦，《章草大字典》，頁49。

〔註269〕二玄社，《東晉王羲之集字聖教序》，頁13。餘見：杭迫柏樹編，《王羲之書法字典》，頁95。

〔註270〕丁福保，《說文解字詁林》，第二冊，頁983。

〔註271〕二玄社，《唐顏真卿多寶塔碑》，頁13。餘見：李志賢等編，《中國正書大字典》，頁109。

〔註272〕二玄社，《唐褚遂良雁塔聖教序》，頁28。餘見：李志賢等編，《中國正書大字典》，頁606。

〔註273〕參見：佚名，《書法三昧》之七〈發筆先後〉。《佩文齋書畫譜》，卷四，頁111引。

〔註274〕二玄社，《漢孟琁碑》，頁17。餘見：李靜，《隸書字典》，頁298。

〔註275〕北川博邦，《章草大字典》，頁266。

〔註276〕二玄社，《東晉王羲之集字聖教序》，頁17。餘見：杭迫柏樹編，《王羲之書法字典》，頁376。

〔註277〕丁福保，《說文解字詁林》，第八冊，頁712。

〔註278〕二玄社，《唐昭仁寺碑》，頁9。餘見：李志賢等編，《中國正書大字典》，頁291～292。

〔註279〕參見：陳舜齊，〈筆順法則〉第十一條，顧大我，《楷書筆畫名稱及筆順研究》，頁106引。

〔註280〕二玄社，《漢乙瑛碑》，頁32。餘見：李靜，《隸書字典》，頁156～157。

〔註281〕北川博邦，《章草大字典》，頁107。

行書「子」〔註282〕相同，而與小篆「￠」〔註283〕第一筆之自右往上寫起有異。

（三）楷書文字之筆順，有與隸、行相同而與篆、草有異者，如——

1、「立」字，唐代楷書作「立」，〔註284〕先寫上方之點與橫畫，次寫左右之點與撇畫，最後寫下橫。其筆順與漢隸「立」〔註285〕及行書「立」〔註286〕相同，而與小篆「￤」〔註287〕之先寫中央兩筆畫或章草「￡」〔註288〕之將上橫作第一筆寫有異。

2、「天」字，唐代楷書作「天」，〔註289〕先寫上下兩橫，再寫撇、捺。其筆順與漢隸「天」〔註290〕及行書「天」〔註291〕相同，而與小篆「￥」〔註292〕之寫完上橫之後即寫中央代表軀幹與雙腿之兩筆畫或章草「￦」〔註293〕之寫完上橫之後即寫代表雙臂之左右兩斜畫有異。〔註294〕

3、「物」字，唐代楷書作「物」，〔註295〕。其筆順與漢隸「物」〔註296〕

〔註282〕二玄社，《東晉王羲之集字聖教序》，頁36。餘見：杭迫柏樹編，《王羲之書法字典》，頁179～180。

〔註283〕丁福保，《說文解字詁林》，第十一冊，頁689。

〔註284〕二玄社，《唐昭仁寺碑》，頁65。餘見：李志賢等編，《中國正書大字典》，頁773。

〔註285〕二玄社，《漢乙瑛碑》，頁7。餘見：李靜，《隸書字典》，頁366。

〔註286〕二玄社，《東晉王羲之集字聖教序》，頁29。餘見：杭迫柏樹編，《王羲之書法字典》，頁441。

〔註287〕丁福保，《說文解字詁林》，第八冊，頁1060。

〔註288〕北川博邦，《章草大字典》，頁330。

〔註289〕二玄社，《唐昭仁寺碑》，頁13。餘見：李志賢等編，《中國正書大字典》，頁310～311。

〔註290〕二玄社，《漢西狹頌》，頁9。餘見：李靜，《隸書字典》，頁171。

〔註291〕二玄社，《東晉王羲之集字聖教序》，頁5。餘見：杭迫柏樹編，《王羲之書法字典》，頁165。

〔註292〕丁福保，《說文解字詁林》，第二冊，頁25。

〔註293〕北川博邦，《章草大字典》，頁97。

〔註294〕關於章草「天」字筆畫衍化之過程，參見：郭伯佾，《漢代草書的產生》，頁125。

〔註295〕二玄社，《唐昭仁寺碑》，頁11。餘見：李志賢等編，《中國正書大字典》，頁735～736。

〔註296〕二玄社，《漢史晨前後碑》，頁44。餘見：李靜，《隸書字典》，頁352。

及行書「物」〔註297〕相同，而與小篆「物」〔註298〕之先寫「牛」之中豎或章草「物」〔註299〕之將「勿」之三撇連寫有異。

4、「毛」字，唐代楷書作「毛」，〔註300〕先寫上撇，次寫兩橫，最後再寫長勾。〔註301〕其筆順與漢隸「毛」〔註302〕及行書「毛」〔註303〕相同，而與小篆「毛」〔註304〕及章草「毛」〔註305〕之寫完上方短斜畫之後即寫中央長畫有異。

5、「成」字，唐代楷書作「成」，〔註306〕先寫左方撇畫及上方橫畫，次寫內部短橫帶折勾，最後再寫長勾、右撇及上點。〔註307〕其筆順與漢隸「成」〔註308〕及行書「成」〔註309〕相同，而與小篆「成」〔註310〕及章草「成」〔註311〕之寫完上橫之後即寫縱向長畫有異。

（四）楷書文字之筆順，有與行書相同而與篆、隸、草各體有異者，如——

1、「米」字，唐代楷書作「米」，〔註312〕先寫上方之點與撇，次寫橫畫，

〔註297〕二玄社，《東晉王羲之集字聖教序》，頁5。餘見：杭迫柏樹編，《王羲之書法字典》，頁389。

〔註298〕丁福保，《說文解字詁林》，第二冊，頁1082。

〔註299〕北川博邦，《章草大字典》，頁278。

〔註300〕二玄社，《唐歐陽詢皇甫誕碑》，頁42。餘見：李志賢等編，《中國正書大字典》，頁439。

〔註301〕參見：陳舜齊，〈筆順法則〉第八條，顧大我，《楷書筆畫名稱及筆順研究》，頁106引。

〔註302〕〈漢孔彪碑〉，見：李靜，《隸書字典》，頁226引。

〔註303〕二玄社，《隋智永關中本千字文》，頁40。餘見：杭迫柏樹編，《王羲之書法字典》，頁353。

〔註304〕丁福保，《說文解字詁林》，第七冊，頁589。

〔註305〕北川博邦，《章草大字典》，頁246。

〔註306〕二玄社，《唐昭仁寺碑》，頁10。餘見：李志賢等編，《中國正書大字典》，頁599～600。

〔註307〕參見：陰景曙，〈七類運筆條例圖〉第七類，顧大我，《楷書筆畫名稱及筆順研究》，頁104引。

〔註308〕二玄社，《漢乙瑛碑》，頁7。李靜，《隸書字典》，頁295。

〔註309〕二玄社，《東晉王羲之集字聖教序》，頁29。餘見：杭迫柏樹編，《王羲之書法字典》，頁271。

〔註310〕丁福保，《說文解字詁林》，第十一冊，頁644。

〔註311〕北川博邦，《章草大字典》，頁175。

〔註312〕二玄社，《唐歐陽詢皇甫誕碑》，頁30。餘見：李志賢等編，《中國正書大字

次寫中豎，最後再寫下方之撇與捺。其筆順與行書「米」〔註313〕相同，而與小篆「米」〔註314〕之將最先寫中豎、以及漢隸「米」〔註315〕與章草「米」〔註316〕將中豎先於撇、捺書寫有異。

2、「千」字，唐代楷書作「千」，〔註317〕先寫撇畫，次寫橫畫，最後再寫豎畫。其筆順與行書「千」〔註318〕相同，而與小篆「千」、〔註319〕漢隸「千」〔註320〕及章草「千」〔註321〕之將橫畫作為末筆書寫有異。

3、「不」字，唐代楷書作「不」，〔註322〕先寫橫畫，次寫撇畫，次寫豎畫，最後再寫右方之點。其筆順與行書「不」〔註323〕相同，而與小篆「不」、〔註324〕漢隸「不」〔註325〕及章草「不」〔註326〕之寫完中豎之後再寫左右兩斜畫有異。

4、「山」字，唐代楷書作「山」，〔註327〕先寫中豎，次寫左豎折帶下橫，最後再寫右豎。其筆順與行書「山」〔註328〕相同，而與小篆「山」、

典》，頁 1033。

〔註313〕二玄社，《唐顏眞卿忠義堂帖》（東京，1982），下冊，頁7。餘見：怡齊，《歷代名家行書字典》，頁432。

〔註314〕丁福保，《說文解字詁林》，第六冊，頁519。

〔註315〕二玄社，《漢曹全碑》，頁26。餘見：李靜，《隸書字典》，頁462。

〔註316〕北川博邦，《章草大字典》，頁341。

〔註317〕二玄社，《唐昭仁寺碑》，頁63。餘見：李志賢等編，《中國正書大字典》，頁153～154。

〔註318〕二玄社，《東晉王羲之集字聖教序》，頁 10。餘見：怡齊，《歷代名家行書字典》，頁78。

〔註319〕丁福保，《說文解字詁林》，第三冊，頁453。

〔註320〕二玄社，《漢禮器碑》，頁41。餘見：李靜，《隸書字典》，頁85。

〔註321〕北川博邦，《章草大字典》，頁62。

〔註322〕二玄社，《唐昭仁寺碑》，頁15。餘見：李志賢等編，《中國正書大字典》，頁7～8。

〔註323〕二玄社，《東晉王羲之集字聖教序》，頁 25。餘見：杭迫柏樹編，《王羲之書法字典》，頁9。

〔註324〕丁福保，《說文解字詁林》，第九冊，頁944。

〔註325〕二玄社，《漢史晨前後碑》，頁33。餘見：李靜，《隸書字典》，頁7。

〔註326〕北川博邦，《章草大字典》，頁4。

〔註327〕二玄社，《唐昭仁寺碑》，頁15。餘見：李志賢等編，《中國正書大字典》，頁265～266。

〔註328〕二玄社，《東晉王羲之蘭亭敘七種》，頁 24。餘見：杭迫柏樹編，《王羲之書法字典》，頁204。

〔註329〕漢隸「山」〔註330〕及章草「山」〔註331〕之第一筆寫左豎帶下橫筆書寫有異。

　　5、「臣」字，唐代楷書作「臣」，〔註332〕第一筆先寫左邊長豎，再依次寫上橫及其下方諸筆畫。其筆順與行書「臣」〔註333〕相同，而與小篆「臣」〔註334〕及漢隸「臣」〔註335〕之將左豎帶下橫書寫或章草「亞」〔註336〕之將上橫帶中豎書寫有異。

　　要之，楷書文字之筆順與篆、隸、草諸體互有異同，而與行書則大致相同。

第三節　楷書之定型：從漢代至唐代

　　盧中南云：

> 一般認爲，楷書起源於漢末三國魏時期，南北朝時期南北分流發展，隋代逐漸融合，唐代成熟，并達到鼎盛。〔註337〕

司惠國等人則云：

> 楷書初創於漢，完備於魏晉南北朝，成熟於盛唐。……楷書的形成和發展分爲三個階段，從而形成了三大類風格，即晉楷、魏楷和唐楷，分別標誌著楷書的產生、成熟和鼎盛。〔註338〕

而根據傳世書跡以及書學文獻考察，楷書書體之形成在行書之後，應不晚於漢代末年；三國時代出現鍾繇與韋誕兩位楷書名家。西晉與東晉二王等小楷，實繼承鍾繇之「章程書」；若兩晉之碑刻或寫經則爲「銘石書」之遺緒。南北朝之書跡，固以北碑爲主流，方折筆意顯著，大率屬於「銘石書」之系統；

〔註329〕丁福保，《說文解字詁林》，第八冊，頁1。
〔註330〕二玄社，《漢曹全碑》，頁38。餘見：李靜，《隸書字典》，頁144。
〔註331〕北川博邦，《章草大字典》，頁128。
〔註332〕二玄社，《唐昭仁寺碑》，頁62。餘見：李志賢等編，《中國正書大字典》，頁1061。
〔註333〕二玄社，《唐李邕雲麾將軍李思訓碑》（東京，1990），頁21。餘見：杭迫柏樹編，《王羲之書法字典》，頁486。
〔註334〕丁福保，《說文解字詁林》，第三冊，頁1108。
〔註335〕二玄社，《漢北海相景君碑》（東京，1978），頁31。餘見：李靜，《隸書字典》，頁472。
〔註336〕北川博邦，《章草大字典》，頁382。
〔註337〕盧中南，《楷書研究》，頁2。
〔註338〕司惠國、張愛軍、王玉孝，《楷書通鑒》，頁1。

唯南方、甚至北方之楷書中，皆不乏用筆圓轉，而屬於「章程書」系統者。隋代楷書漸融合「章程書」與「銘石書」。唐代楷書乃多取法王羲之，以「章程書」系統為主流。其間，雖有少數書跡仍持北碑書法；絕大多數皆已擺脫「銘石書」以方折為主之筆勢；楷書一體至此爰臻於成熟。

一、漢代（西元前 206～西元 220 年）

漢代自劉邦即皇帝位於氾水之陽至獻帝禪讓，包括西漢、東漢以及兩漢間之莽新十五年與更始二年，凡四百二十六年。

康有為云：

> 漢隸之中有極近今真楷者，如：《高君闕》「故、益、州、舉、廉、丞、貫」等字「陽、都」之邑旁，直是今真書，尤似顏真卿。攷《高頤碑》，為建安十四年，此闕雖無年月，當同時也。《張遷表頌》其筆畫直可置今真楷中。《楊震碑》似褚遂良筆，蓋中平三年者。《子游殘石》、《正直殘石》、《孔彪碑》，亦與真書近者。〔註339〕

（一）楷書一體之端緒，早已見於西漢之簡牘中。例如——

1、西漢〈甲渠候官文書 2〉「之」字「亡」之上點；〔註340〕西漢〈敦煌馬圈灣木牘 3〉「以」字「𠃊」之點；〔註341〕西漢〈敦煌馬圈灣木簡〉，「未」字「未」之左點。〔註342〕

2、〈丞相御史律令〉「仁」字「仁」之二橫，〔註343〕西漢〈敦煌馬圈灣簡牘〉「五」字「五」之上橫，〔註344〕西漢〈相利善劍冊〉「堅」字「堅」下橫之起筆。〔註345〕

3、西漢〈敦煌馬圈灣木簡 3〉「中」字「中」之懸針，〔註346〕〈候粟君所責寇恩事〉冊 2「升」字「升」之懸針，〔註347〕〈蒼頡篇〉「下」字「下」

〔註339〕康有為著、祝嘉疏証，《廣藝舟雙楫》，卷二，頁 53。
〔註340〕馬建華，《河西簡牘》（重慶：重慶出版社，2015），頁 31 第 5 行。
〔註341〕馬建華，《河西簡牘》，頁 66 第 4 行。
〔註342〕馬建華，《河西簡牘》，頁 77 第 3 行。
〔註343〕馬建華，《河西簡牘》，頁 19 第 1 行。
〔註344〕馬建華，《河西簡牘》，頁 52 第 1 行下。
〔註345〕馬建華，《河西簡牘》，頁 39 第 1 行。
〔註346〕馬建華，《河西簡牘》，頁 78 第 1 行。
〔註347〕馬建華，《河西簡牘》，頁 176 第 2 行。

垂露，〔註348〕「并」字「并」二豎。〔註349〕

4、〈蒼頡篇〉「胡」字「胡」右下之豎鈎，〔註350〕西漢〈敦煌馬圈灣木簡9〉，「尉」字「尉」之鈎，〔註351〕西漢〈敦煌馬圈灣木牘2〉「也」字「也」之俯鈎，〔註352〕西漢〈甲渠候官文書2〉「郭」字「郭」左下之綽鈎。〔註353〕

5、〈妄稽〉「折」字「折」，〔註354〕〈醫書二〉「治」字「治」，〔註355〕頁西漢〈敦煌馬圈灣木簡3〉「地」字「地」，之策法，〔註356〕西漢〈敦煌馬圈灣木簡4〉「域」字「域」左旁之策法；〔註357〕西漢〈敦煌馬圈灣木簡7〉，「民」字「民」之搭鈎。〔註358〕

6、西漢〈甲渠候官文書1〉「廣」字「廣」之撇，〔註359〕西漢〈甲渠候官文書2〉「尉」字「尉」之長撇，〔註360〕西漢〈甲渠候官文書2〉「使」字「使」之長撇。〔註361〕

7、西漢〈甲渠候官文書1〉「德」字「德」之撇，〔註362〕「千」字「千」之撇，〔註363〕「欣」字「欣」之撇。〔註364〕

8、西漢〈甲渠候官文書2〉「嚴」字「嚴」之捺，〔註365〕「駿」字之捺，〔註366〕「吏」字「吏」之捺。〔註367〕

〔註348〕北大出土文獻所，《北京大學藏西漢竹書墨迹選粹》（北京：人民美術出版社，2012），頁1第1行。
〔註349〕北大出土文獻所，《北京大學藏西漢竹書墨迹選粹》，頁1第2行。
〔註350〕北大出土文獻所，《北京大學藏西漢竹書墨迹選粹》，頁4第1行。
〔註351〕馬建華，《河西簡牘》，頁107第3行。
〔註352〕馬建華，《河西簡牘》，頁62第3行。
〔註353〕馬建華，《河西簡牘》，頁30第4行。
〔註354〕北大出土文獻所，《北京大學藏西漢竹書墨迹選粹》，頁19第2行。
〔註355〕北大出土文獻所，《北京大學藏西漢竹書墨迹選粹》，頁33第1行。
〔註356〕馬建華，《河西簡牘》，頁79第2行。
〔註357〕馬建華，《河西簡牘》，頁81第3行。
〔註358〕馬建華，《河西簡牘》，頁96第1行。
〔註359〕馬建華，《河西簡牘》，頁27第3行。
〔註360〕馬建華，《河西簡牘》，頁31第2行。
〔註361〕馬建華，《河西簡牘》，頁31第3行。
〔註362〕馬建華，《河西簡牘》，頁25末2行。
〔註363〕馬建華，《河西簡牘》，頁25末2行。
〔註364〕馬建華，《河西簡牘》，頁27第2行。
〔註365〕馬建華，《河西簡牘》，頁30第2行。
〔註366〕馬建華，《河西簡牘》，頁31第2行上。
〔註367〕馬建華，《河西簡牘》，頁31第5行。

〈丞相御史律令〉「字」字「字」綽鉤，〔註368〕「守」字「守」，鉤。
〔註369〕

　　要之，側、勒、努、趯、策、掠、啄、磔八種楷書主要的特徵，亦即後世所謂之「永字八法」，在西漢簡牘中皆已存在。

（二）西漢簡牘中部分文字甚至有一整字或多字之形體與楷書相近，例如——

　　西漢〈敦煌馬圈灣簡牘〉，「之」字作「之」，〔註370〕與楷書相近。
　　西漢〈敦煌馬圈灣木牘1〉，「已」字作「已」，〔註371〕與楷書相近。
　　西漢〈敦煌馬圈灣木牘2〉，「斤」字作「斤」，〔註372〕與楷書相近。
　　西漢〈敦煌馬圈灣木簡7〉，「已」字作「巳」，〔註373〕與楷書相近。
　　西漢〈敦煌馬圈灣木簡8〉，「民」字作「民」，〔註374〕，「以」字作「以」，〔註375〕，「王」字作「王」，〔註376〕皆與楷書相近。
　　西漢〈敦煌馬圈灣木簡10〉，「乎」字作「乎」，〔註377〕若楷書。

（三）東漢簡牘或磚陶書跡，亦有一件中多字近似楷書者，例如——

　　1、漢〈王杖十簡〉，「元」字作「元」，〔註378〕「見」字作「見」，〔註379〕「馳」字作「馳」，〔註380〕，「先」字作「先」，〔註381〕，「白」字作「白」，〔註382〕皆與楷書近似。

〔註368〕馬建華，《河西簡牘》，頁18第3行。
〔註369〕馬建華，《河西簡牘》，頁23第3行。
〔註370〕馬建華，《河西簡牘》，頁54第1.1行。
〔註371〕馬建華，《河西簡牘》，頁56第2行。
〔註372〕馬建華，《河西簡牘》，頁59第6行。
〔註373〕馬建華，《河西簡牘》，頁97第3行。
〔註374〕馬建華，《河西簡牘》，頁103第5行。
〔註375〕馬建華，《河西簡牘》，頁106第2行。
〔註376〕馬建華，《河西簡牘》，頁106第3行。
〔註377〕馬建華，《河西簡牘》，頁114第2行。
〔註378〕馬建華，《河西簡牘》，頁135第4行。
〔註379〕馬建華，《河西簡牘》，頁136第1行。
〔註380〕馬建華，《河西簡牘》，頁136第2行。
〔註381〕馬建華，《河西簡牘》，頁136第4行。
〔註382〕馬建華，《河西簡牘》，頁137第1行。

2、漢〈朱書磚〉，「也」字作「**也**」，〔註383〕「天」字作「**天**」，〔註384〕「兮」字作「**兮**」，〔註385〕皆與楷書近似。

（四）東漢陶瓶行書書跡，則可當作楷書書體即將登場之預告，
　　　例如──

1、朱書〈永壽二年瓶題記〉（圖一）。〔註386〕

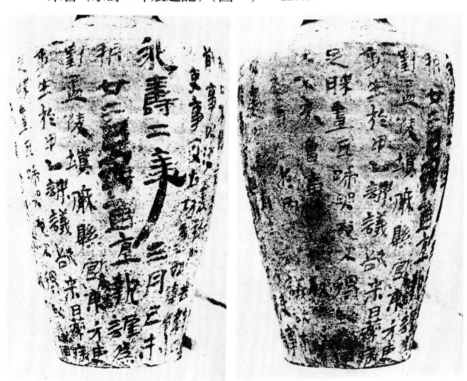

圖一

〔註383〕劉正成主編，《中國書法鑑賞大辭典》（香港，旺文出版社，1989），上冊，頁126，漢〈朱書磚〉第1行。
〔註384〕劉正成主編，《中國書法鑑賞大辭典》，上冊，頁126，漢〈朱書磚〉第1行。
〔註385〕劉正成主編，《中國書法鑑賞大辭典》，上冊，頁126，漢〈朱書磚〉第1行。
〔註386〕〈永壽二年瓶題記〉，攝自：王鏞，《中國書法全集》，第九冊，頁85、86。

2、朱書〈熹平元年陳刻敬瓶題記〉（圖二）。〔註387〕

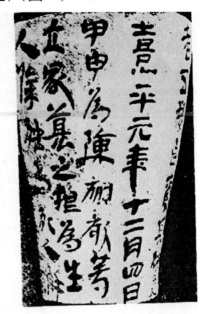
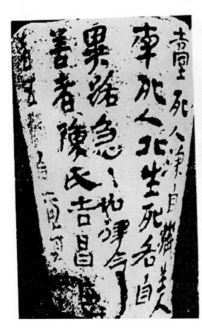

圖二

〔註387〕　〈熹平元年陳刻敬瓶題記〉，攝自：王鏞，《中國書法全集》，第九冊，頁98。

3、朱書〈東漢黃神北斗陶瓶題記〉摹本（圖三）。〔註388〕

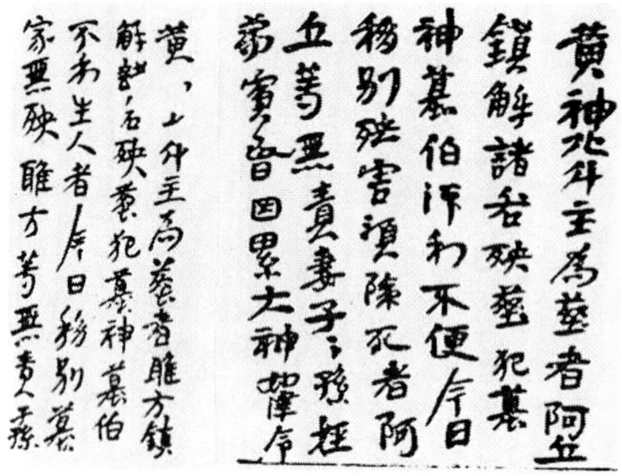

圖三

　　以上三件陶瓶書跡，除〈永壽二年瓶〉「永」、「年」等字尙存隸意，其餘文字之書體爲行書。〔註389〕按：王鏞〈秦漢金文陶文書法初論〉云：

　　　事實上，草書、行書都脫胎於隸書，於此同時，楷書又孕育於行書

　　　成長的過程之中，楷書是將行書筆法與結構不斷規範化的結果。〔註390〕

意謂：漢代隸書先衍化爲行書，再由行書衍化爲楷書。因此，行書書體既已成形，則楷書之出現亦指日可待。

　　此外，根據漢、魏之際既有鍾繇（西元 151～230 年）、韋誕（西元 179～253 年）二人並以善楷書得名之史實，則楷書一體之形成，當在漢祚滅絕（西元220 年）之前。（傳）羊欣〈采古來能書人名〉云：

　　　潁川鍾繇，魏太尉。……鍾書有三體：一曰銘石之書，最妙者也；

　　　二曰章程書，傳祕書、教小學者也；三曰行狎書，相聞者也。三法

　　　皆世人所善。〔註391〕

按：鍾繇善銘石、章程、行狎三體書，其中，「銘石之書」應指筆勢方折且帶有波尾一名「八分」〔註392〕之漢代隸書，蓋自東漢以來至於鍾繇所處的曹魏

〔註388〕摹自：王鏞，《中國書法全集》，第九冊，頁 11。

〔註389〕王鏞，《中國書法全集》，第九冊，頁 10、213。

〔註390〕王鏞，《中國書法全集》，第九冊，頁 10。

〔註391〕張彥遠，《法書要錄》，卷一，頁 14。

〔註392〕參見：郭伯佾，〈八分名義考釋——王愔「字方八分」說的再肯定〉，《一九九
　　　　○年書法論文徵選入選論文集》（臺北，中華民國書法教育學會，1990），之五。

時代，絕大部分之碑刻皆以「八分」書寫，如鍾繇過世後一年（太和五年，西元 231 年）之〈曹眞碑〉（圖四）〔註 393〕，其用筆「挑拔平硬，如折刀頭」，〔註 394〕乃漢、魏之際典型隸書——晉代至南北朝，銘石之文字多採用帶有隸書意味的方筆楷書，此亦可歸屬於「銘石書」系統——而「章程書」則指漢、魏之際用以傳寫律歷及法令等公文書，或以教授童蒙識字之書體，蓋爲楷書之初型，其筆勢多圓轉，唯尚保留些許隸書筆意——後世楷書中筆勢圓轉者，亦可歸屬於「章程書」系統——至於「行狎書」一名當爲「行理書」之誤，簡稱「行書」，蓋用以寫信交付行理或行人傳遞，俾親友之間互通音問，故一名「相聞書」。〔註 395〕劉熙載云：

> 正書雖統稱今隸，而塗徑有別，波磔小而鉤角隱，近篆者也；波磔大而鉤角顯，近隸者也。〔註 396〕

本書所謂「銘石書」系統之楷書，即劉熙載所謂今隸而「近隸者也」；至於「章程書」系統之楷書，則劉熙載所謂今隸而「近篆者也」。

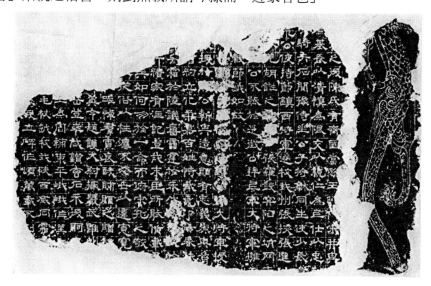

圖四

〔註 393〕〈曹眞碑〉（局部），攝自：二玄社，《魏曹眞殘碑／王基殘碑》（東京，1975），頁 3、4。

〔註 394〕吾丘衍，《學古編》，上卷，〈三十五舉〉十七舉，《篆刻學》（臺北：世界書局，1973）第一種。

〔註 395〕參見：郭伯佾，〈行書的起源及其特質——從「典藏行草展」說起〉，《現代美術》第 36 期（1991 年 6 月），頁 59～64。

〔註 396〕劉熙載，《藝概》，卷五，頁 138。

鍾繇善銘石、章程、行狎三體書，其中，「章程書」即後世所謂之「眞書」、「正書之祖」或「楷書」。〔註397〕

（傳）羊欣〈采古來能書人名〉又云：

> 司徒韋誕，……字仲將，京兆人，善楷書，漢、魏宮館寶器，皆是誕手寫。〔註398〕

則明謂韋誕「善楷書」。

綜上所述，可以得出四項結論，即：一、西漢簡牘中已可見到後來楷書多種點畫之原形，二、西漢簡牘中已可見到部分與楷書相近之文字，三、東漢簡牘或磚陶書跡有一件中多字近似楷書者，四、東漢永壽二年（西元 156年）以後，行書已盛行，而楷書又是自行書「不斷規範化的結果」。基於以上四項理由，如曰楷書書體形成之時間不晚於漢代末年，應屬合理推測。

二、三國時代（西元 220～280 年）

自黃初元年曹丕篡漢，至太康元年司馬炎滅吳，凡六十年，爲三國時代。

三國時代重要之楷書書跡，按時代先後順序，排列如下——

1、鍾繇〈宣示表〉（圖五）。〔註399〕「此帖雖尚存隸書中燕尾式的『磔』筆，但楷書的鈎、挑、撇、捺等筆法已隨時可見」。〔註400〕

2、鍾繇〈昨疏還示帖〉。

3、鍾繇〈白騎帖〉。

4、鍾繇〈常患帖〉。

5、鍾繇〈雪寒帖〉。

6、鍾繇〈賀捷表〉，建安二十四年（西元 219 年）。歐陽修云：

> 乃權以閏十月方征羽，至十二月獲之，明年正月始傳首至洛，理可不疑。然則鍾繇安得於閏十月先賀捷也？由是此表可疑爲非眞。〔註401〕

7、鍾繇〈薦季直表〉，魏黃初二年（西元 221 年）。

〔註397〕參見：本書第二章第一節之二。

〔註398〕張彥遠，《法書要錄》，卷一，頁 13。

〔註399〕鍾繇〈宣示表〉（局部），攝自：二玄社，《魏晉小楷集》（東京，1975），頁 3、4。

〔註400〕司惠國等，《楷書通鑑》，頁 2。

〔註401〕歐陽修，《歐陽修全集》（臺北：河洛圖書出版社，1975），卷五，〈集古錄跋尾一・魏鍾繇表〉，頁 203。

8、鍾繇〈力命表〉。

9、鍾繇〈墓田丙舍帖〉。

10、〈朱然名刺〉墨跡（圖六），〔註402〕1984 年安徽馬鞍山朱然墓出土，木質，墨書，凡十四件。或係朱然（西元 182～249 年）生前所書。〔註403〕

11、〈葛祚碑〉（圖七），〔註404〕立碑年月不詳，當在太平二年（西元 257 年）衡陽置郡以後。現在江蘇句容，可辨識者僅碑額「吳故衡陽太守葛府君之碑」十二字。字體呈縱向矩形，徑三寸許。橫畫明顯往右上傾斜，甚至點畫之形狀，均絕似唐代楷書。故或疑之。〔註405〕然若吳赤烏十二年（西元 249 年）之前，即有〈朱然名刺〉楷書，則〈葛祚碑〉之字跡實亦不足怪。

12、〈譬喻經卷〉，西晉甘露元年（西元 256 年）。

13、〈急就篇殘紙〉，樓蘭出土，紙本楷書墨跡。崔爾平謂此件「當爲魏晉人習字稿」。〔註406〕

14、〈詣鄯善王〉封檢（圖八），〔註407〕西晉泰始五年（西元 269 年）曾被西川寧稱爲「現存最古老的楷書」。〔註408〕

15、索紞〈太上玄元道德經卷〉（圖九），〔註409〕吳建衡二年（西元 270 年，即西晉泰始六年）。或稱之爲「三國時小楷書代表佳作」。

16、〈谷朗碑〉（圖十），〔註410〕吳鳳凰元年（西元 272 年）。正書，十八行，行廿四字。額正書一行十一字「吳故九眞太守谷府君之碑」。康有爲謂此碑之書體「在隸、楷之間」。〔註411〕

〔註402〕張天弓，《中國書法大事年表》（上海：上海書畫出版社，2012），頁 60。

〔註403〕〈朱然名刺〉（局部），攝自：姚宇亮，〈最古老的楷書——兼論鍾繇藝術〉，《晉唐楷書研究》（北京：榮寶齋出版社，2011）頁 91。

〔註404〕〈葛祚碑〉，攝自：劉正成主編，《中國書法鑑賞大辭典》，上冊，頁 139。

〔註405〕劉熙載：「若〈吳衡陽太守葛府君碑〉則直是正書，故評者疑之。」《藝概》，卷五，頁 138。

〔註406〕劉正成主編，《中國書法鑑賞大辭典》，上冊，頁 141。

〔註407〕〈詣鄯善王〉封檢，攝自：中國書法院，《晉唐楷書研究》，頁 375。

〔註408〕西川寧文，姚宇亮譯，〈「詣鄯善王」墨書——現存最古老的楷書〉，《晉唐楷書研究》，頁 375。

〔註409〕〈太上玄元道德經卷〉，攝自：劉正成主編，《中國書法鑑賞大辭典》，上冊，頁 146。

〔註410〕〈谷朗碑〉（局部），攝自：二玄社，《吳谷朗碑／禪國山碑》（東京，1969），頁 5。

〔註411〕康有爲著、祝嘉疏證，《廣藝舟雙楫疏證》，卷二，頁 53。

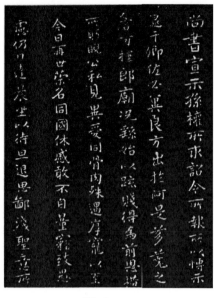  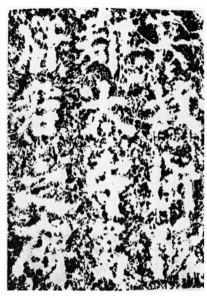

圖五　　　　　　　圖六　　　　　　圖七

圖八　　　　　　　圖九　　　　　　圖十

馬宗霍云：

考八分變眞，眞草生行，雖曰肇於漢末，而……眞行二體大成之時，
漢祚固已移矣。……故三國者，亦書體上一大轉關也。其時鍾繇之
名既重，敬侯衛覬，本工古文，復擅八分，獨與元常抗席。……於
是衛法乃流於北，……鍾蹟乃流於南。……故三國者，又書派上兩
大導源也。〔註412〕

―――――――――――――――――――――――――――――――――――

〔註412〕馬宗霍，《書林藻鑑》（臺北：世界書局，1974），卷五，頁33～34。

以鍾繇與衛覬作爲南北書派之「兩大導源」，實承襲阮元〈南北書派論〉之主張。惟南地之楷書亦有筆勢方折者，反之，北地之楷書亦有筆勢圓轉者；故本書乃將筆勢圓轉所謂「南派」之楷書歸屬於「章程書」系統；而將筆勢方折所謂「北派」之楷書，歸屬於「銘石書」系統。

　　文獻記載，漢、魏之際，有鍾繇、韋誕二人並以善楷書得名。惟韋誕似無書跡傳世。而鍾繇善銘石、章程、行理三體書，三體中，又以章程書最爲人所稱道。上列鍾繇諸書跡，皆爲典型之章程書。張懷瓘《書斷·中》云：

　　　魏鍾繇，字元常，潁川常社人。……眞書絕世，剛柔備焉。點畫之
　　　間，多有異趣，可謂幽深無際，古雅有餘，秦漢以來，一人而已。
　　〔註413〕
所謂「眞書」，即章程書。

　　而由於鍾繇創造了楷書的典範，故後人尊之爲「正書之祖」。《宣和書譜》云：

　　　西漢之末，隸字石刻間雜爲正書；降及三國，鍾繇者乃有〈賀克捷
　　　表〉，備盡法度，爲正書之祖。〔註414〕

　　根據傳世書跡之書法風格，三國時代之楷書，無論鍾繇諸帖，抑或朱然之名刺，〈詣鄯善王〉封檢，〈太上玄元道德經卷〉等寫經，甚至〈葛祚碑〉〈谷朗碑〉二薦石刻文字，其筆勢率皆圓轉，屬於「章程書」系統。

三、晉代（西元280～420年）

　　自太康元年司馬炎滅吳，至元熙二年恭帝禪讓，凡一百四十年，爲晉代。其間又分爲西晉、東晉以及東晉時北方之五胡十六國。

　　晉代重要之楷書書跡，按時代先後順序，排列如下——

1、司馬攸〈秋風帖〉（西元283年之前）。

2、山濤〈侍中帖〉（西元283年之前）。

3、〈楊紹買地莂〉，西晉太康五年（西元284年）。

4、〈諸佛要集經〉（圖十一），〔註415〕西晉元康六年（西元296年）。

〔註413〕張彥遠，《法書要錄》，卷八，頁225。

〔註414〕孫過庭等，《唐人書學論著／宣和書譜》，頁329。

〔註415〕〈諸佛要集經〉（局部），攝自：二玄社，《六朝寫經集》（東京，1978），頁4、
　　　　5。

5、〈摩訶般若波羅蜜經〉，永嘉二年（西元 308 年）。

6、王廙〈祥除帖〉（圖十二），〔註416〕大興三年（西元 320 年）。

7、王廙〈昨表帖〉（西元 322 年之前）。

8、東晉明帝〈墓次帖〉（西元 325 年之前）。

9、〈優婆塞戒經殘片〉，北涼咸和年間（西元 325～334 年）。

10、2-57 郗鑒〈災禍帖〉（西元 339 年之前）。

11、〈王興之墓誌〉（圖十三），〔註417〕東晉咸康七年（西元 341 年）。

12、王劭〈夏節帖〉。

13、庾翼〈故吏帖〉（西元 345 年之前）。

14、〈顏謙婦劉氏墓誌〉（圖十四），〔註418〕東晉永和元年（西元 345 年）。

青之云：

> 此誌……筆致簡質渾勁，沉著而又痛快；氣象樸拙茂滿，粗頭亂服
> 之間有眞率之美。〔註419〕

15、〈王興之婦宋氏墓誌〉，東晉永和四年（西元 348 年），正書，兩面刻文，一面十三行，行十字；另一面十一行，行十字。阿濤云：

> 雖然書寫者著意以隸書體勢來體現銘石書的莊重，楷書的書寫習慣
> 還是不覺地流露出來。〔註420〕

16、衛夫人〈急就帖〉（西元 349 年之前）。〔註421〕

17、王羲之〈黃庭經〉，永和十二年（西元 356 年）。

18、王羲之〈東方朔畫贊〉，永和十二年（西元 356 年）。

19、〈高崧夫人謝氏墓誌〉，東晉永和十二年（西元 356 年）。

20、〈劉剋墓誌〉（圖十五），〔註422〕東晉升平元年（西元 357 年）十二月刻，共二磚，皆正書，一磚陽三行，陰二行，行均六字；一磚陽三行，行

〔註416〕王廙〈祥除帖〉，攝自：秦緒全，《宋拓淳化閣帖》，卷二，頁 52～53。

〔註417〕〈王興之墓誌〉，攝自：上海書畫出版社，《東晉墓誌十種》（上海，2003），頁 1。

〔註418〕〈顏謙婦劉氏墓誌〉，攝自：上海書畫出版社，《東晉墓誌十種》，頁 8。

〔註419〕劉正成主編，《中國書法鑑賞大辭典》，上冊，頁 153。

〔註420〕劉正成主編，《中國書法鑑賞大辭典》，上冊，頁 167～168。

〔註421〕秦緒全，《宋拓淳化閣帖》卷五，頁 15。另，劉人島、黃遠林，《中國楷書觀止》，頁 13、《楷書通鑑》頁 7，各收晉衛夫人書〈薦逸少手札〉，文辭內容全同，唯書法、行款小異。

〔註422〕〈劉剋墓誌〉，攝自：劉正成主編，《中國書法鑑賞大辭典》，上冊，頁 169。

四字，陰三行，行六字。兩磚文字內容相同，似以刀直接刻於之作，故點畫多方頭重尾。徐平一謂此件墓誌「表露民間實用書體質樸的風貌」。〔註423〕

21、王洽〈不孝帖〉（西元 358 年之前）。

22、王羲之〈孝女曹娥碑〉（圖十六），升平二年（西元 358 年）。〔註424〕

23、〈王閩之墓誌〉，東晉升平二年（西元 358 年）。〔註425〕

24、〈王丹虎墓誌〉，東晉升平三年（西元 359 年）。〔註426〕

25、王羲之〈樂毅論〉（圖十七），〔註427〕（西元 361 年之前）。智永云：〈樂毅論〉者，正書第一。梁世模出，天下珍之。〔註428〕

26、王羲之〈黃庭經〉，（西元 361 年之前）。歐陽修以爲「書雖可喜，而筆法非王羲之所爲」。〔註429〕

27、2 東晉哀帝〈中書帖〉（西元 365 年之前）。

28、〈高崧墓誌〉（圖十八），〔註430〕東晉泰和元年（西元 366 年）。

29、王獻之〈洛神賦十三行〉（圖十九），〔註431〕。

30、〈道行品法句經〉（圖二十），前涼升平十二年（東晉太和三年，西元 368 年）。

31、〈王仚之墓誌〉，東晉泰和三年（西元 368 年）。

32、〈王建之夫人劉媚子墓誌〉，石、磚各一件，文字小異。東晉泰和六三年（西元 371 年）。

33、東晉簡文帝〈慶賜帖〉（西元 372 年之前）。

34、〈王建之墓誌〉（圖廿一），〔註432〕東晉咸安二年（西元 372 年）。

35、東晉文孝王〈異暑帖〉（西元 376 年之前）。

36、〈孟府君墓誌〉，東晉太元元年（西元 376 年）。〔註433〕

〔註423〕劉正成主編，《中國書法鑑賞大辭典》，上冊，頁 168～169。

〔註424〕王羲之〈孝女曹娥碑〉，墨跡本（局部），攝自：二玄社，《魏晉小楷集》，頁 40。

〔註425〕劉正成主編，《中國書法鑑賞大辭典》，上冊，頁 169。

〔註426〕劉正成主編，《中國書法鑑賞大辭典》，上冊，頁 169。

〔註427〕王羲之〈樂毅論〉（局部），攝自：二玄社，《魏晉小楷集》，頁 22。

〔註428〕張彥遠，《法書要錄》，卷二，頁 61。

〔註429〕歐陽修，《歐陽修全集》，卷六，〈集古錄跋尾二・黃庭經〉，頁 63。

〔註430〕〈高崧墓誌〉，攝自：上海書畫出版社，《東晉墓誌十種》，頁 16。

〔註431〕王獻之〈洛神賦十三行〉，攝自：二玄社，《魏晉小楷集》，頁 47、48。

〔註432〕〈王建之墓誌〉（局部），攝自：上海書畫出版社，《東晉墓誌十種》，頁 25。

〔註433〕劉正成主編，《中國書法鑑賞大辭典》，上冊，頁 177。

37、〈夏金虎墓誌〉，東晉太元十七年（西元 392 年）。〔註 434〕

38、〈枳楊神道闕〉，東晉隆安三年（西元 399 年）。〔註 435〕

39、〈爨寶子碑〉（圖廿二），〔註 436〕東晉大亨四年（西元 405 年）。四月立。

40、〈牟頭婁墓誌〉（圖廿三），〔註 437〕晉墓土壁文，墨跡，楷書，八十三行，約八百字。吉林省輯安縣出土。記高句麗大使牟頭婁生平事蹟。筆畫多變，部分點畫帶有行書、隸書意趣，氣勢生動。〔註 438〕

41、〈十誦比丘戒本〉，西涼建初二年（西元 406 年）。

42、〈吳書孫權傳殘本〉，晉寫本，吐魯番出土。

43、安弘嵩〈寫經殘卷〉，東晉時。

44、〈妙法蓮華經卷六〉，西涼建初七年（西元 411 年）。

45、〈摩訶般若波羅蜜經卷第十四〉，兩晉間寫經。

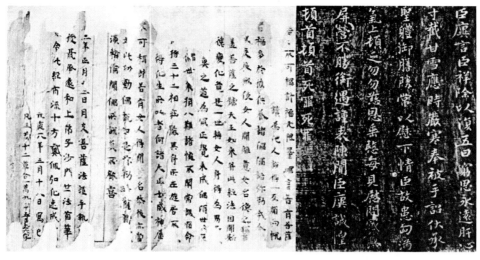

圖十一　　　　　　　　　　　　圖十二

〔註 434〕劉正成主編，《中國書法鑑賞大辭典》，上冊，頁 178。

〔註 435〕劉正成主編，《中國書法鑑賞大辭典》，上冊，頁 179。

〔註 436〕〈爨寶子碑〉（局部），攝自：二玄社，《東晉爨寶子碑／宋爨龍顏碑》（東京，1980），頁 4。

〔註 437〕〈牟頭婁墓誌〉（局部），攝自：劉正成主編，《中國書法鑑賞大辭典》，上冊，頁 184。

〔註 438〕劉正成主編，《中國書法鑑賞大辭典》，上冊，頁 184。

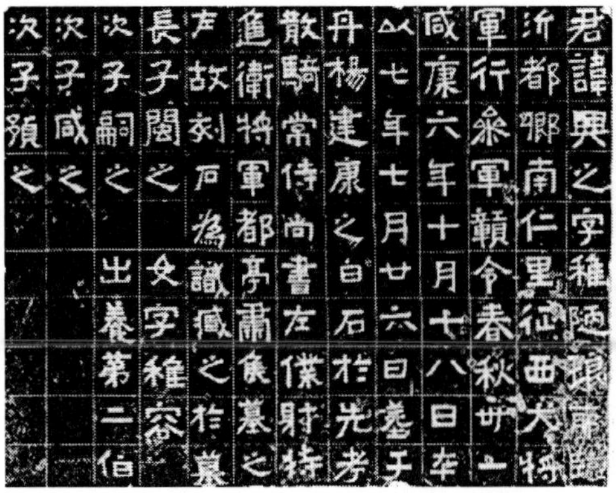

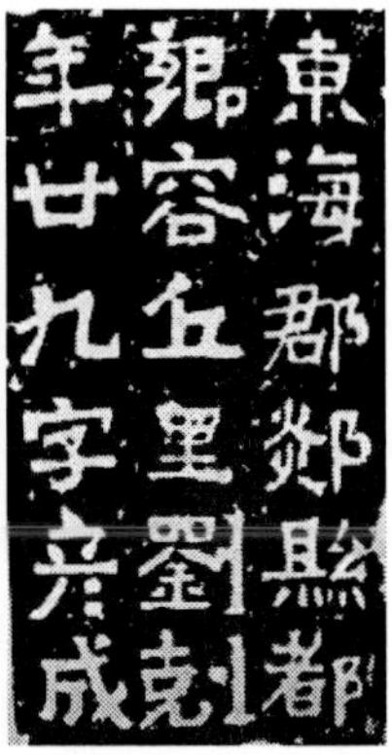

圖十三　　　　　圖十四　　　　　圖十五

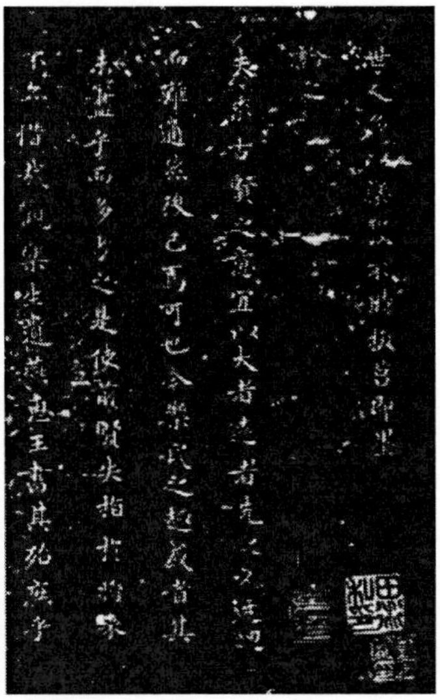

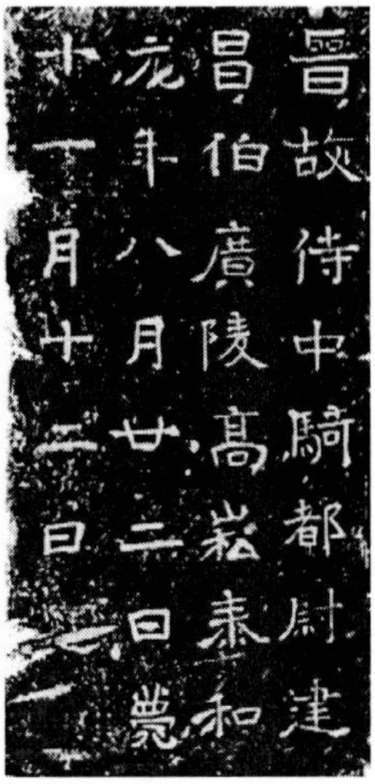

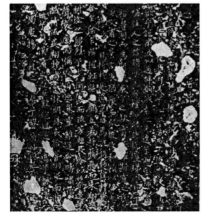

圖十六　　　　　　圖十七　　　　　　圖十八

圖十九　　　　　　　　圖二十

圖廿一　　　　　　圖廿二　　　　　　圖廿三

馬宗霍云：

　　晉初書家，史以衛、索並稱，一臺二妙，俱號善草。然瓘上承父覬，覬傳古文，則瓘亦能篆也。靖書〈毋丘興碑〉，或比中郎，則靖亦工八分也。……渡江以後，則王謝郗庾四家，書人最多；王家羲、獻……乃冠東晉而開南朝，不惟見貴當時，抑且永式後世。衣被之廣，張蔡鍾衛，視之猶有遜焉。〔註439〕根據傳世書跡之書法風格，晉代楷書可區分爲「章程書」與「銘石書」兩系統。若〈諸佛要集經〉等寫經，〈牟頭婁墓誌〉、〈顏謙婦劉氏墓誌〉、〈高崧墓誌〉等石刻，王廙〈祥除帖〉等淳化閣諸法帖，王羲之〈樂毅論〉、王獻之等小楷，其筆勢多圓轉，可屬於「章程書」系統；若〈爨寶子碑〉或〈王興之墓誌〉、〈劉剋墓誌〉、〈王建之墓誌〉等碑刻，其筆勢多方折，字形介於隸書與楷書之間，則屬於「銘石書」系統。

四、南北朝時期（420～589）

　　自永初元年劉裕簒晉，至開皇九年楊堅滅陳，爲南北朝時期。

　　南北朝重要之楷書書跡，按時代先後順序，排列如下——

　　1、〈憂婆塞戒經卷七〉（圖廿四），〔註440〕北涼玄始十六年（西元427年）。

莊希祖云：

〔註439〕馬宗霍，《書林藻鑑》，卷六，頁43。
〔註440〕〈憂婆塞戒經卷七〉（局部），攝自：二玄社，《六朝寫經集》，頁32～33。

有明顯隸書的痕迹，是西晉寫經體的延續和發展。……但主筆長橫的波挑已變成只頓而不揚的橫畫，有些字甚至連頓筆也簡省爲回收，成爲道地的楷書體。〔註441〕

2、〈中岳嵩高靈廟碑〉（圖廿五），〔註442〕北魏太安六年（西元 456 年）。康有爲列爲「神品」。〔註443〕

3、樊海〈佛說菩薩藏經第一〉，北涼承平十五年（西元 457 年）。

4、〈爨龍顏碑〉（圖廿六），〔註444〕劉宋大明二年（西元 458 年）。康有爲列爲「神品」。〔註445〕

5、〈劉懷民墓誌〉（圖廿七），〔註446〕宋大明八年（西元 464 年）。中田勇次郎謂「爨龍顏碑を思わせる隸法を交えた素朴な書風で」。〔註447〕

6、〈大般涅槃經壽命品〉（圖廿八），〔註448〕北魏天安二年（西元 467 年）。

7、〈大般涅槃經〉，北魏天安二年（西元 467 年）。

8、〈趙酌造像記〉，北魏皇興三年（西元 469 年）。

9、〈申洪之墓志〉，北魏延興三年（西元 472 年）。

10、齊高帝〈眾軍帖〉（西元 482 年之前）。

11、〈雜阿毘曇心經第六〉，北魏太和三年（西元 483 年）。

12、〈佛說歡普賢經〉（圖廿九），〔註449〕南齊永明元年（西元 483 年）。

13、〈司馬金龍墓漆畫題字〉，北魏太和八年（西元 484 年）。肖新柱云：
第一行開頭部分，和王羲之《蘭亭序》相比較，……在運筆和章法上似乎都有著相同或相近之處，而第三行中的「月」字的筆勢走向，……又非常接近褚遂良筆法。只是從整體上看，此題字和晉隋唐人書法比較，有著更多的天然妙趣，更加生動活

〔註441〕劉正成主編，《中國書法鑑賞大辭典》，上冊，頁 199。
〔註442〕〈中嶽嵩高靈廟碑〉（局部），攝自：二玄社，《北魏中嶽嵩高靈廟碑》（東京，1980），頁 5。
〔註443〕康有爲著、祝嘉疏證，《廣藝舟雙楫》，卷四，頁 163。
〔註444〕〈爨龍顏碑〉（局部），攝自：二玄社，《東晉爨寶子碑／宋爨龍顏碑》，頁 25。
〔註445〕康有爲著、祝嘉疏證，《廣藝舟雙楫》，卷四，頁 163。
〔註446〕〈劉懷民墓誌〉（局部），攝自：二玄社，《墓誌銘集 1 六朝》（東京，1983），頁 7。
〔註447〕二玄社，《墓誌銘集 1 六朝》，頁 65。
〔註448〕〈大般涅槃經壽命品〉（局部），攝自：劉正成主編，《中國書法鑑賞大辭典》，上冊，頁 197。
〔註449〕〈佛說歡普賢經〉（局部），攝自：二玄社，《六朝寫經集》，頁 16〜17。

潑。〔註450〕

14、南朝齊王僧虔〈劉伯寵帖〉（西元485年之前）。

15、王僧虔〈太子舍人帖〉（圖三十），〔註451〕（西元485年之前），墨跡本。

16、〈劉岱墓誌〉（圖卅一），〔註452〕齊永明五年（487）。趙浩如云：

探其源，令人想起鍾繇和魏晉風度，觀其流，似又影響及於顏（眞卿）蘇（軾）。〔註453〕

17、〈弔比干墓文〉（圖卅二），〔註454〕北魏太和十八年（西元494年）。「具濃厚隸意的魏碑楷書」。〔註455〕

18、〈尉遲爲牛橛造像記〉，北魏孝文帝太和十九年（西元495年）。

19、〈一弗造像記〉，北魏太和二十年（西元496年）。

20、〈元楨墓誌〉，北魏太和二十年（西元496年）。

21、朱義章〈始平公造象記〉（圖卅三），〔註456〕北魏孝文帝太和二十二年（西元498年）。

22、〈元詳造像記〉（圖卅四），〔註457〕北魏太和廿二年（西元494年）。

23、〈解伯達造像記〉，北魏太和年間（西元477～499年）。

24、〈元弼墓誌〉，北魏太和二十三年（西元499年）。

25、〈魏靈藏造像記〉，北魏（無年月）。〔註458〕

26、〈高太妃爲孫保造像記〉，北魏太和、景明年間（西元477～503年）。

27、〈元定墓誌〉，北魏景明元年（西元500年）。

28、〈鄭長猷造像記〉，北魏景明二年（西元501年）。

〔註450〕劉正成主編，《中國書法鑑賞大辭典》，上冊，頁205～206。

〔註451〕王僧虔〈太子舍人帖〉（局部），攝自：劉正成主編，《中國書法鑑賞大辭典》，上冊，頁187。

〔註452〕〈劉岱墓誌〉（局部），攝自：劉正成主編，《中國書法鑑賞大辭典》，上冊，頁192。

〔註453〕劉正成主編，《中國書法鑑賞大辭典》，上冊，頁193。

〔註454〕〈弔比干墓文〉，攝自：劉正成主編，《中國書法鑑賞大辭典》，上冊，頁206。

〔註455〕司惠國、張愛軍、王玉孝，《楷書通鑑》，頁25。

〔註456〕朱義章〈始平公造象記〉，攝自：二玄社，《龍門二十品》（東京，1983），上冊，頁12。

〔註457〕〈元詳造像記〉，攝自：二玄社，《龍門二十品》，上冊，頁23。

〔註458〕依二玄社，《龍門二十品》，上冊，頁35～44，將〈魏靈藏造像記〉列於〈高太妃爲孫保造像記〉之前。

29、〈元羽墓誌〉（圖卅五），〔註459〕北魏景明二年（西元 501 年）。

30、蕭顯慶〈孫秋生造像記〉（圖卅六），〔註460〕北魏景明三年（西元 502 年）。

31、〈高樹‧鮮佰達造像記〉，北魏景明三年（西元 502 年）。

32、〈比丘惠感造像記〉，北魏景明三年（西元 502 年）。

33、〈廣川王祖母造像記〉，北魏景明三年（西元 502 年）。

34、〈元誘妻馮氏墓誌〉，北魏景明四年（西元 503 年）。

35、〈張整墓誌〉，北魏景明四年（西元 503 年）。

36、〈大般涅槃經卷第十一〉（圖卅七），〔註461〕梁天監五年（西元 506 年）。

37、〈安定王元爕造像記〉，北魏正始四年（西元 507 年）。

38、〈元鑒墓誌〉，北魏正始四年（西元 507 年）。

39、〈元緒墓誌〉，北魏正始四年（西元 507 年）。

40、〈楊大眼造像記〉，北魏景明正始之際（西元 500～507）。

41、〈石婉墓誌〉，北魏永平元年（西元 508 年）。

42、王遠〈石門銘〉（圖卅八），〔註462〕北魏永平二年（西元 509 年）。康有爲列爲「神品」。〔註463〕

43、〈大智度經卷第卅〉，北魏永平三元年（西元 510 年）。

44、鄭道昭〈鄭義下碑〉（圖卅九），〔註464〕北魏永平四年（西元 511 年）。

45、鄭道昭〈論經書詩〉（圖四十），〔註465〕北魏永平四年（西元 511 年）。

葉昌熾云：

> 鄭道昭雲峰山上下碑及〈論經書詩〉諸刻，上承分篆，化北方之喬野，如筆路藍縷進於文明。其筆力之健，可以剚犀兕、搏龍蛇，

〔註459〕〈元羽墓誌〉（局部），攝自：二玄社，《墓誌銘集 2 六朝》（東京，1982），頁 5。

〔註460〕蕭顯慶〈孫秋生造像記〉，攝自：二玄社，《龍門二十品》，下冊，頁 5。

〔註461〕〈大般涅槃經第十一〉（局部），攝自：二玄社，《六朝寫經集》，頁 18。

〔註462〕王遠〈石門銘〉（局部），攝自：二玄社，《北魏石門銘》（東京，1980），頁 5。

〔註463〕康有爲著、祝嘉疏證，《廣藝舟雙楫》，卷四，頁 163。

〔註464〕鄭道昭〈鄭義下碑〉（碑額），攝自：二玄社，《北魏鄭道昭鄭義下碑》（東京，1981），頁 3。

〔註465〕鄭道昭〈論經書詩〉（局部），攝自：二玄社，《北魏鄭道昭論經書詩》（東京，1981），上冊頁 13。

而游刃於虛，全以神運：……不獨北朝書第一，自有眞書以來一
人而已。〔註466〕

46、〈元顥妃李元姜墓誌〉，北魏延昌元年（西元512年）。

47、〈鄯乾墓誌〉，北魏延昌元年（西元512年）。

48、〈元詮墓誌〉，北魏延昌元年（西元512年）。

49、〈劉洛眞兄弟造像記〉，北魏延昌元年（西元512年）。

50、〈誠實論第十四〉，北魏延昌元年（西元512年）。

51、〈元顯儁墓誌〉，北魏延昌二年（西元513年）。

52、〈樓炭經第七〉，北魏延昌元年（西元513年）。

53、〈元珍墓誌〉，北魏延昌三年（西元514年）。

54、〈元颺墓誌〉，北魏延昌三年（西元514年）。

55、〈司馬昞妻孟敬訓墓誌〉，北魏延昌三年（西元514年）。

56、〈瘞鶴銘〉（圖卅一），〔註467〕無年月，宋黃長睿考定爲梁天監十三
年（514）。劉熙載云：

> 其舉止歷落，氣體宏逸」「〈瘞鶴銘〉用筆隱通篆意，與後魏鄭道
> 昭書若合一契。〔註468〕

57、〈元諡妃馮氏墓誌〉，北魏熙平元年（西元516年）。

58、〈元廣墓誌〉，北魏熙平元年（西元516年）。

59、〈吳光墓誌〉，北魏熙平元年（西元516年）。

60、〈元祐造像記〉，北魏熙平二年（西元517年）。

61、〈王誦妻元氏墓誌〉，北魏熙平二年（西元517年）。

62、〈元遙墓誌〉，北魏熙平二年（西元517年）。

63、〈刁遵墓誌〉，北魏熙平二年（西元517年）。橫畫末尾作圓筆迴收。
中田勇次郎謂爲「北魏に見られる南朝風な書の一例である」。〔註469〕

64、〈崔敬邕墓誌〉（圖卅二），〔註470〕北魏熙平二年（西元517年）。橫
畫末尾作圓筆迴收。與〈刁遵墓誌〉書風絕類，應係同一人所書。

65、〈元祐墓誌〉，北魏神龜二年（西元519年）。

〔註466〕葉昌熾，《語石》（臺北，臺灣商務印書館，1976），卷七，頁229。
〔註467〕〈瘞鶴銘〉（局部），攝自：二玄社，《梁瘞鶴銘》（東京，1981），頁21。
〔註468〕劉熙載，《藝概》。卷五，頁148。
〔註469〕二玄社，《墓誌銘集1六朝》，頁65。
〔註470〕〈崔敬邕墓誌〉（局部），攝自：二玄社，《墓誌銘集2六朝》，頁31。

66、〈元琎妻穆玉容墓誌〉，北魏神龜二年（西元 519 年）。

67、〈元暉墓誌〉，北魏神龜二年（西元 519 年）。張景岳云：

該墓誌表現出書者對於嫻熟自然、瀟灑清逸風格的追求。與北魏

碑誌中樸實、峻峭的風格類型形成鮮明的對比。〔註 471〕

68、〈出家人受菩薩戒法卷第一〉，梁天監十八年（西元 519 年）。

69、〈司馬昞墓誌〉（圖卅三），〔註 472〕北魏正光元年（西元 520 年）。伏
見冲敬云：

この墓誌を一見して、すぐ連想するのは、法帖に傳えられている

鍾繇の字である。〔註 473〕

70、〈叔孫協墓誌〉，北魏正光元年（西元 520 年）。

71、貝義淵〈蕭憺碑〉（圖卅四），〔註 474〕梁普通三年（西元 522 年）。

72、〈張猛龍碑〉（圖卅五），〔註 475〕北魏正光三年（西元 522 年）。

73、〈元祐妃常季繁墓誌〉，北魏正光四年（西元 523 年）。

74、〈元倪墓誌〉，北魏正光四年（西元 523 年）。〔註 476〕

75、〈元引墓誌〉，北魏正光四年（西元 523 年）。

76、〈馬鳴寺碑〉，北魏正光四年（西元 523 年）。

77、〈高貞碑〉，北魏正光四年（西元 523 年）。

78、〈律序卷第上〉（圖卅六），梁普通四年（西元 523 年）。

79、〈元尚之墓誌〉，北魏正光四年（西元 523 年）。

80、〈華嚴經卷第廿九〉，梁普通四年（西元 523 年）。

81、〈元平墓誌〉，北魏正光五年（西元 524 年）。

82、〈劉根造像記〉，北魏正光五年（西元 524 年）。

83、〈元子直墓誌〉，北魏正光五年（西元 524 年）。

84、〈道充等一百人造像記〉，北魏正光五年（西元 524 年）。

〔註 471〕劉正成主編，《中國書法鑑賞大辭典》，上冊，頁 248。

〔註 472〕〈司馬昞墓誌〉（局部），攝自：二玄社，《墓誌銘集 3 六朝》（東京，1983），
頁 4。

〔註 473〕二玄社，《墓誌銘集 3 六朝》，頁 67。

〔註 474〕貝義淵〈蕭憺碑〉（碑額），攝自：二玄社，《梁貝義淵蕭憺碑》（東京，1976），
頁 3。

〔註 475〕〈張猛龍碑〉（局部），攝自：二玄社，《北魏張猛龍碑》（東京，1979），頁 8。

〔註 476〕劉正成主編，《中國書法鑑賞大辭典》，上冊，頁 257。

85、〈元崇業墓誌〉，北魏正光五年（西元 524 年）。

86、〈王夫人元華光墓誌〉，北魏孝昌元年（西元 525 年）。〔註477〕

87、〈元顯魏墓誌〉，北魏孝昌元年（西元 525 年）。

88、〈元纂墓誌〉，北魏孝昌元年（西元 525 年）。

89、〈元晫墓誌〉，北魏孝昌元年（西元 525 年）。

90、〈李超墓誌〉，北魏正光六年（西元 525 年）。

91、〈李謀墓誌〉，北魏孝昌二年（西元 526 年）。

92、〈高宗夫人于仙姬墓誌〉，北魏孝昌二年（西元 526 年）。

93、〈伏夫人昆雙仁墓誌〉，北魏孝昌二年（西元 526 年）。

94、〈世宗嬪李氏墓誌〉，北魏孝昌二年（西元 526 年）。

95、〈丘哲妻鮮于仲兒墓誌〉，北魏孝昌二年（西元 526 年）。

96、〈元琮墓誌〉，北魏孝昌二年（西元 526 年）。唐雲來云：

在北朝碑版書法共有的質樸淳厚之中透露出南帖真書的嫻靜風
度。〔註478〕

97、〈楊乾墓誌〉，北魏孝昌二年（西元 526 年）。

98、〈蘇屯墓誌〉，北魏孝昌三年（西元 527 年）。

99、〈蕭宗昭儀胡明相墓誌〉，北魏孝昌三年（西元 527 年）。

100、〈妙法蓮華經普門品〉，北魏孝昌三年（西元 527 年）。

101、〈元湛妻薛慧命墓誌〉，北魏武泰元年（西元 528 年）。

102、〈元宥墓誌〉，北魏武泰元年（西元 528 年）。

103、〈元信墓誌〉，北魏建義元年（西元 528 年）。

104、〈元毓墓誌〉，北魏建義元年（西元 528 年）。

105、〈元悋墓誌〉，北魏建義元年（西元 528 年）。

106、〈陸紹墓誌〉，北魏建義元年（西元 528 年）。

107、〈元子永墓誌〉，北魏永安元年（西元 528 年）。

108、〈元馗墓誌〉，北魏永安二年（西元 529 年）。

109、〈慧雙造像記〉，北魏永安三年（西元 530 年）。

110、〈赫連悅墓誌〉，北魏普泰元年（西元 531 年）。

111、〈元天穆墓誌〉，北魏普泰元年（西元 531 年）。

〔註477〕劉正成主編，《中國書法鑑賞大辭典》，上冊，頁 268。
〔註478〕劉正成主編，《中國書法鑑賞大辭典》，上冊，頁 274。

112、〈薛海造像記〉，北魏普泰元年（西元 531 年）。

113、〈張玄墓誌〉（圖冊七），〔註479〕北魏普泰元年（西元 531 年）。伏見冲敬云：

> この誌も司馬昞と同じように、傳世の鍾繇の書を思わせるところがある。〔註480〕

114、〈妙法蓮華經卷第十〉，北魏永興二年（西元 533 年）。

115、〈韓顯相等造塔像記〉，北魏永熙三年（西元 534 年）。

116、〈王方略造像記〉，東魏天平三年（西元 536 年）。

117、〈王僧墓誌〉，東魏天平三年（西元 536 年）。伏見冲敬云：

> 洛陽出土の北魏の墓誌とはまた風氣を異にする。魏齊の間にかけて、いささかくずれた書風が行われずるが、これはまださほどにいたつてはいない。〔註481〕

118、〈敬史君碑〉，東魏興和二年（西元 540 年）。

119、〈劉懿墓誌〉，東魏興和二年（西元 540 年）。

120、〈郗蓋袟墓誌〉，東魏興和二年（西元 540 年）。

121、王長儒〈李仲璇修孔子廟碑〉，東魏興和三年（西元 541 年）。

122、〈大比丘尼羯磨一卷〉，西魏大統九年（西元 543 年）。

123、蕭子雲〈列子帖〉（圖冊八），〔註482〕（西元 549 年之前）。

124、〈杜文雅等四十人造像記〉，東魏武定八年（西元 550 年）。

125、穆子容〈呂望碑〉，東魏武定八年（西元 550 年）。司惠國等云：

> 書法方正，筆力透露，爲顏眞卿藍本。〔註483〕

126、〈菩薩處胎經卷第二、三、四〉，西魏大統十六年（西元 550 年）。

127、〈菩薩瓔珞本業經卷下〉，西魏大統十六年（西元 551 年）。

128、梁簡文帝〈水淺帖〉（西元 552 年之前）。

129、釋仙〈報德像碑〉，北齊天保六年（西元 555）。

130、〈泰山金剛經〉，北齊天保（西元 550～559 年）間。

131、〈雋脩羅碑〉，北齊皇建元年（西元 560）。

〔註479〕〈張玄墓誌〉（局部），攝自：二玄社，《墓誌銘集 3 六朝》，頁 38。
〔註480〕二玄社，《墓誌銘集 3 六朝》，頁 68。
〔註481〕二玄社，《墓誌銘集 3 六朝》，頁 68。
〔註482〕蕭子雲〈列子帖〉，攝自：秦緒全，《宋拓淳化閣帖》，卷四，頁 10。
〔註483〕司惠國、張愛軍、王玉孝，《楷書通鑒》，頁 114。

132、〈大般涅槃經卷第卅一〉（圖冊九），〔註484〕北周保定元年（西元 561年）。

133、〈朱曇思造塔記〉，北齊河清四年（西元 565）。

134、〈吳蓮花造像記〉，北齊天統元年（西元 565）。

135、趙文淵〈西嶽華山神廟碑〉（圖五十），〔註 485〕北周天和二年（西元 567 年）。

136、〈十地論卷第五〉（圖五十一），〔註 486〕北齊天統三年（西元 567年）。

137、〈徂徠山文殊般若經摩崖〉，北齊武平二年（西元 571 年）。

138、〈水牛山文殊般若經碑〉（圖五十二），〔註 487〕北齊（西元 550～577年）。

139、〈崗山佛說觀無量壽經〉，北周大象二年（西元 580）。

140、〈摩訶摩耶經卷上〉，陳至德四年（西元 587）。

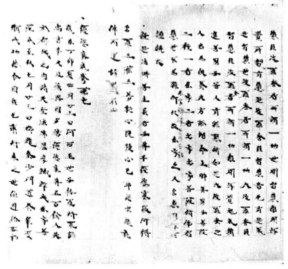

圖廿四

圖廿五

〔註484〕 〈大般涅槃經卷第卅一〉（局部），攝自：二玄社，《六朝寫經集》，頁 62。

〔註485〕 趙文淵〈西嶽華山神廟碑〉，攝自：二玄社，《北周趙文淵華嶽頌》，頁 9。

〔註486〕 〈十地論卷第五〉，攝自：二玄社，《六朝寫經集》，頁 58～59。

〔註487〕 〈水牛山文殊般若經碑〉，攝自：二玄社，《北齊雋脩羅碑／水牛山文殊般若經碑》，頁 46。

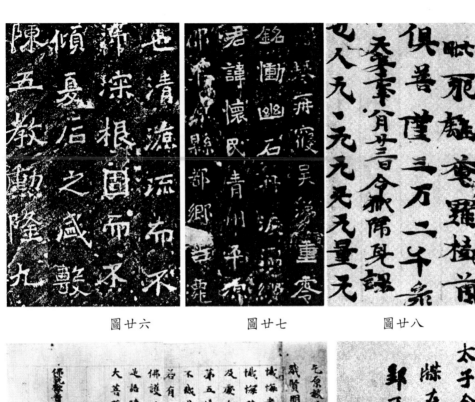

圖廿六　　　　　　圖廿七　　　　　　圖廿八

圖廿九　　　　　　　　　圖三十

圖卅一　　　　　　圖卅二　　　　　　圖卅三

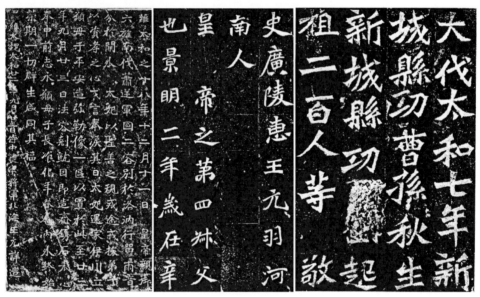

圖卅四　　　　　　圖卅五　　　　　　圖卅六

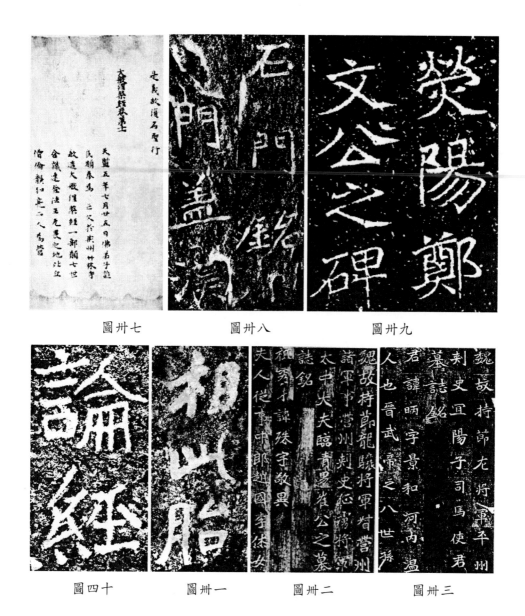

圖卅七　　　　圖卅八　　　　圖卅九

圖四十　　　　圖卅一　　　　圖卅二　　　　圖卅三

圖卅四　　　　　　　　圖卅五

圖卅六　　　　　　　　圖卅七

圖卅八

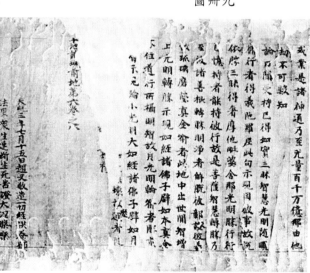

圖卅九

圖五十

圖五十一

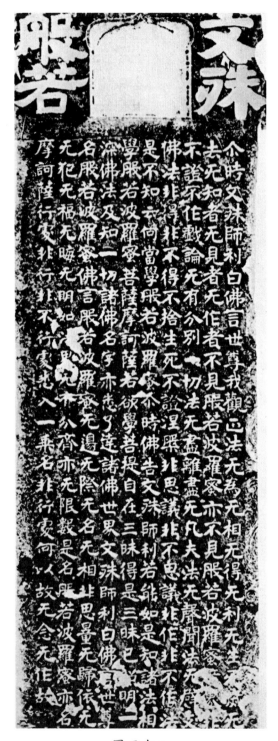

圖五十二

論南北朝書者，或謂「南朝士人氣尚卑弱，字書工者，率以纖勁清媚爲佳」。〔註488〕或謂「北方多朴，有隸體，無晉逸雅，謂之氈裘氣」。〔註489〕馬宗霍云：

> 至阮元作〈南北書派論〉，謂南派乃江左風流，疏放妍妙，長於尺牘，減筆至不可識；而篆隸遺法，東晉已多改變，無論宋齊矣。北派則是中原古法，拘謹拙陋，長於碑榜；而蔡邕、韋誕、邯鄲淳、衛覬、張芝、杜度，篆、隸、八分、草書遺法，至隋末唐初，猶有存者。……實則溯其淵源，南朝承東晉，出於二王；北朝承趙燕，出於崔、盧。
>
> 而二王崔盧，固同以鍾繇衛瓘索靖爲宗者也。南方水土和柔，其俗善變，故書喜出新意；北方山川深厚，其俗善守，故書猶有舊規。〔註490〕

歐陽修等人，蓋就南朝之尺牘與北朝之碑榜而論。若就南北朝之楷書而論，則彼此間之差異，顯然不至「判若江河，南北世族不相通習」。〔註491〕

根據傳世書跡之書法風格，南朝的楷書作品中，固有「章程書」系統者，亦有「銘石書」系統者；反之，北朝的楷書作品中，固有「銘石書」系統者，亦有「章程書」系統者。例如──

南朝王僧虔〈太子舍人帖〉、〈佛說歡普賢經〉、〈十地論卷第五〉等墨跡，蕭子雲〈列子帖〉等法帖，〈劉岱墓誌〉、〈蕭敷妃王氏墓誌〉、〈瘞鶴銘〉、貝義淵〈蕭憺碑〉等碑刻，其「妍態多而古法少」，〔註492〕屬於「章程書」系統；若〈律序卷第上〉等寫經以及〈爨龍顏碑〉、〈劉懷民墓誌〉等碑刻之「畫石出鋒，猶如漢隸」，〔註493〕則屬於「銘石書」系統。

北朝〈大般涅槃經壽命品〉等寫經，以及〈中岳嵩高靈廟碑〉、〈弔比干碑〉、朱義章〈始平公造像記〉、蕭顯慶〈孫秋生造像記〉、〈元羽墓誌〉、〈張猛龍碑〉等碑刻，其筆勢方折，屬於「銘石書」系統，若〈大般涅槃經卷第卅一〉等寫經，以及〈元詳造像記〉、王遠〈石門銘〉、〈司馬昞墓誌〉、〈張玄墓誌〉、〈水牛山文殊般若經碑〉等碑刻，其筆勢圓轉，則屬於「章程書」系統。

〔註488〕歐陽修，《歐陽修全集》，卷五，〈集古錄跋尾一・宋文帝神道碑〉，頁209。

〔註489〕趙孟堅〈論書〉，孫岳頌等，《佩文齋書畫譜》卷七，頁167引。

〔註490〕馬宗霍，《書林藻鑑》，卷七，頁72。

〔註491〕阮元，〈南北書派論〉，華正書局，《歷代書法論文選》（臺北，1988），下冊，頁588。

〔註492〕阮元〈北碑南帖論〉，華正書局，《歷代書法論文選》，下冊，頁593。

〔註493〕華正書局，《歷代書法論文選》，下冊，頁590。

五、隋代（589～618）

自開皇九年隋滅陳，至義寧二年恭帝禪位，凡二十九年

隋代重要之楷書書跡，按時代先後順序，排列如下——

1、智永〈千字文〉（圖五十三）〔註494〕、（圖五十四）。〔註495〕張伯聞謂「南派書風，以智永總其大成」。〔註496〕

2、〈李和墓誌〉，開皇二年（西元582年）。

3、〈寇熾妻姜氏墓誌〉，開皇三年（西元583年）。

4、〈楊居墓誌〉，開皇三年（西元583年）。

5、〈華嚴經卷第卅七〉（圖五十五），〔註497〕開皇三年（西元583年）。

6、〈七帝寺主惠郁等造像記〉（圖五十六），〔註498〕開皇五年（西元585年）。

7、〈王俱等四十人造像記〉，開皇五年（西元585年）。

8、〈龍藏寺碑〉（圖五十七），〔註499〕開皇六年（西元586年）。

9、〈姜須達通道記〉，開皇九年（西元589年）。

10、〈章仇等造像記〉，開皇九年（西元589年）。

11、〈曹植碑〉，開皇十三年（西元593年）。

12、〈大智度經釋論卷八十五〉（圖五十八），〔註500〕開皇十三年（西元593年）。

13、〈大方等大集經〉，開皇十五年（西元595年）。

14、〈賀若誼碑〉，開皇十六年（西元596年）。

15、〈張元象造像記〉，開皇十六年（西元596年）。

16、〈張通妻陶貴墓誌〉，開皇十七年（西元597年）。

17、〈董美人墓誌〉（圖五十九），〔註501〕開皇十七年（西元597年）。

〔註494〕智永〈千字文〉拓本（局部），攝自：二玄社，《隋智永關中本千字文》，頁3。

〔註495〕智永〈千字文〉墨跡本（局部），攝自：鶴山侯氏收藏，《智永正草千字文眞跡》（臺北：漢華文化事業公司，1973），頁3。

〔註496〕張伯聞，《漢唐書法片札》，頁438。

〔註497〕〈華嚴經卷第卅七〉，攝自：二玄社，《隋唐寫經集》，頁5。

〔註498〕〈七帝寺主惠郁等造像記〉，攝自：司惠國、張愛軍、王玉孝，《楷書通鑒》，頁129。

〔註499〕〈龍藏寺碑〉（局部），攝自：二玄社，《隋龍藏寺碑》，頁50。

〔註500〕〈大智度經釋論卷八十五〉，攝自：二玄社，《隋唐經集》，頁6。

〔註501〕〈董美人墓誌〉（局部），攝自：二玄社，《墓誌銘集4隋》，頁4。

18、〈華嚴經卷第三十三〉，開皇十七年（西元 597 年）。

19、〈劉明暨妻梁氏墓誌〉，開皇十八年（西元 598 年）。

20、〈宋睦墓誌〉，開皇十八年（西元 598 年）。

21、〈孟顯達碑〉（圖六十），〔註502〕開皇二十年（西元 600 年）。

22、〈盧文構墓誌〉，仁壽元年（西元 601 年）。

23、〈首山棲巖道場舍利塔碑〉，仁壽二年（西元 602 年）。

24、丁道護〈啓法寺碑〉（圖六十一），〔註503〕仁壽二年（西元 602 年）。

25、〈蘇孝慈墓誌〉（圖六十二），〔註504〕仁壽三年（西元 603 年）。張伯聞謂「出歐陽率更四十六歲之手」。〔註505〕

26、〈劉相暨妻鄒氏墓誌〉，仁壽四年（西元 604 年）。

27、〈大般涅槃經卷第十七〉，大業元年（西元 605 年）。

28、〈蔡夫人張貴男墓誌〉，大業二年（西元 606 年）。

29、〈李冲暨妻郭氏墓誌〉，大業二年（西元 606 年）。

30、〈張忻暨妻東門氏墓誌〉，大業三年（西元 607 年）。

31、〈劉淵墓誌〉，大業三年（西元 607 年）。

32、〈大般涅槃經卷第十一〉，大業四年（西元 608 年）。

33、〈吳嚴暨妻睦氏墓誌〉，大業四年（西元 608 年）。

34、〈呂胡暨妻李氏墓誌〉，大業五年（西元 609 年）。

35、〈賢劫經卷第一〉，大業六年（西元 610 年）。

36、〈張喬墓誌〉，大業六年（西元 610 年）。

37、〈宮人五品司仗馮氏墓誌〉，大業六年（西元 610 年）。

38、〈宮人典采六品朱氏墓誌〉，大業六年（西元 610 年）。

39、〈宮人司仗郭氏六品墓誌〉，大業七年（西元 611 年）。

40、〈斛斯樞墓誌〉，大業七年（西元 611 年）。

41、〈劉德墓誌〉，大業八年（西元 612 年）。

42、〈蕭瑒墓誌〉，大業八年（西元 612 年）。

43、〈陳常墓誌〉，大業九年（西元 613 年）。

〔註502〕〈孟顯達碑〉（局部），攝自：二玄社，《隋孟顯達碑／龍華寺碑》，頁23。
〔註503〕〈啓法寺碑〉（局部），攝自：二玄社，《隋丁道護啓法寺碑》，頁23。
〔註504〕〈蘇孝慈墓誌〉（局部），攝自：二玄社，《墓誌銘集4隋》，頁22。
〔註505〕張伯聞，《漢唐書法片札》，頁435。

44、〈張壽墓誌〉，大業十一年（西元615年）。

45、〈明雲騰墓誌〉，大業十一年（西元615年）。

46、〈張波墓誌〉，大業十一年（西元615年）。

47、〈伍道進墓誌〉，大業十一年（西元615年）。

48、〈太僕卿元公墓誌〉，大業十一年八月。

49、〈元公夫人姬氏墓誌〉，大業十一年八月。

50、〈嚴元貴墓誌〉，大業十一年（西元615年）。

51、〈王弘墓誌〉，大業十一年（西元615年）。

52、〈尉富娘墓誌〉，大業十一年（西元615年）。

53、〈蕭翹墓誌〉，大業十一年（西元615年）。

54、〈董夫人衛美墓誌〉，大業十一年（西元615年）。

55、〈蕭譏墓誌〉，大業十一年（西元615年）。

56、〈□德墓誌〉，大業十一年（西元615年）。

57、〈僧伽吒經卷第二〉，大業十二年（西元616年）。

圖五十三　　　　圖五十四　　　　圖五十五　　　　圖五十六

阮元〈南北書派論〉云：

隋善書者爲房彥謙、丁道護諸人，皆習北派書法，方嚴遒勁。〔註506〕

意謂隋代之善書者皆爲北派。馬宗霍《書林藻鑑》則云：

南北兩派，至梁、陳之際，已漸合流。……至於隋世，漸染南風，
簡要清通，匯成一局，遂以上結六朝，下開三唐焉。〔註507〕

〔註506〕華正書局，《歷代書法論文選》，下冊，頁589。
〔註507〕馬宗霍，《書林藻鑑》，卷七，頁73～74。

謂隋世書法「簡要清通」，與歐陽修所謂「其筆畫率皆精勁」，〔註508〕可相發明。

圖五十七　　　　　　　圖五十八　　　　　　　圖五十九

圖六十　　　　　　　　圖六十一　　　　　　　圖六十二

　　根據傳世書跡之書法風格，隋代楷書已形成銘石書與章程書二系匯流之局面。其中，智永〈眞草千字文〉之楷書，直接承襲其先祖王羲之書風，固

純爲章程書系統；其餘無論〈華嚴經卷第卅七〉、〈大智度經釋論卷八十五〉等寫經，〈孟顯達碑〉、丁道護〈啓法寺碑〉等碑刻，抑或〈董美人〉、〈蘇孝慈墓誌〉等墓誌，大率方折筆勢減少，圓轉筆勢增多，而字形寬綽端雅，造就隋代楷書之獨特面貌。

六、唐代（618～907）

　　唐代自武德元年李淵篡隋，至天祐四年昭宣帝禪位，凡二百八十九年。

　　唐代重要之楷書書跡，按時代先後順序，排列如下——

1、〈維摩詰經卷第三〉（圖六十三），〔註509〕安樂三年（西元 620 年）。

2、〈昭仁寺碑〉（圖六十四），〔註510〕貞觀五年（西元 630 年）。歐陽修云：

　　碑文，朱子奢撰；而不著書人名氏，字畫甚工。〔註511〕

3、歐陽詢〈化度寺碑〉（圖六十五），〔註512〕貞觀五年（西元 631 年）。

4、歐陽詢〈九成宮醴泉銘〉（圖六十六），〔註513〕貞觀六年（西元 632 年）。歐陽修云：

　　九成宮即隋仁壽宮也；太宗避暑於宮中而乏水，以杖啄地，得水而甘，因名「醴泉」焉。〔註514〕

5、虞世南〈孔子廟堂碑〉（圖六十七），〔註515〕貞觀七年（西元 633 年）。

6、歐陽詢〈般若波羅蜜心經〉，貞觀九年（西元 636 年）。

7、歐陽詢〈溫彥博碑〉（圖六十八），〔註516〕貞觀十年（西元 637 年）。

8、〈金剛般若波羅蜜經〉，貞觀十五年（西元 641 年）。

9、〈盧府君妻馮氏墓誌〉（圖六十九），〔註517〕貞觀十六年（西元 642 年）。

〔註509〕〈維摩詰經卷第三〉（局部），攝自：二玄社，《隋唐寫經集》，頁 5。
〔註510〕〈昭仁寺碑〉（局部），攝自：二玄社，《唐昭仁寺碑》，頁 9。
〔註511〕歐陽修，《歐陽修全集》，卷六，〈集古錄跋尾二·唐豳州昭仁寺碑〉，頁 5～6。
〔註512〕歐陽詢〈化度寺碑〉（局部），攝自：二玄社，《唐歐陽詢化度寺碑／溫彥博碑》（東京，1984），頁 4。
〔註513〕歐陽詢〈九成宮醴泉銘〉（局部），攝自：二玄社，《唐歐陽詢九成宮醴泉銘》，頁 7。
〔註514〕歐陽修，《歐陽修全集》，卷六，〈集古錄跋尾二·唐九成宮醴泉銘〉，頁 7。
〔註515〕虞世南〈孔子廟堂碑〉（局部），攝自：二玄社，《唐虞世南孔子廟堂碑》，頁 8。
〔註516〕歐陽詢〈溫彥博碑〉（局部），攝自：二玄社，《唐歐陽詢化度寺碑／溫彥博碑》，頁 37。
〔註517〕〈盧府君妻馮氏墓誌〉（局部），攝自：劉正成主編，《中國書法鑑賞大辭典》，

10、歐陽詢〈皇甫誕碑〉（圖七十），〔註518〕貞觀十七年（西元643年）。

11、〈王通墓誌〉，貞觀十八年（西元644年）。

12、虞世南〈破邪論序〉（圖七十一）。〔註519〕

13、虞世南〈洛神賦十三行〉。

14、殷令名〈裴鏡民碑〉（圖七十二），〔註520〕貞觀十一年（西元637年）。

15、顏師古〈等慈寺碑〉（圖七十三），〔註521〕貞觀十五年（西元641年）。

16、褚遂良〈伊闕佛龕碑〉（圖七十四），〔註522〕貞觀十五年（西元641年）。

17、褚遂良〈孟法師碑〉（圖七十五），〔註523〕貞觀十六年（西元642年）。

18、褚遂良〈房玄齡碑〉（圖七十六），〔註524〕（西元648年）。

19、國銓〈善見律經卷〉，貞觀二十二年（西元648年）。

20、〈孔穎達碑〉（圖七十七），〔註525〕貞觀二十二年（西元648年）。

21、〈敦煌說苑反質篇〉，貞觀年間（西元627～649年）。

22、褚遂良〈雁塔聖教序〉（圖七十八），〔註526〕永徽四年（西元653年）。

23、褚遂良〈陰符經〉（圖七十九），〔註527〕永徽五年（西元654年小字）。

24、褚遂良〈太上老君常清靜經〉。

25、褚遂良〈靈寶度人經〉。

26、褚遂良〈佛說尊勝陀羅尼咒〉。

27、褚遂良〈倪寬贊〉。張丑謂「是宋世臨本」。〔註528〕

上冊，頁448。

〔註518〕歐陽詢〈皇甫誕碑〉（局部），攝自：二玄社，《唐歐陽詢皇甫誕碑》，頁6。

〔註519〕虞世南〈破邪論序〉（局部），攝自：二玄社，《晉唐小楷集十一種〈越州石氏本〉》（東京，1980），頁32。

〔註520〕殷令名〈裴鏡民碑〉（局部），攝自：二玄社，《唐裴鏡民碑／孔穎達碑》，頁9。

〔註521〕顏師古〈等慈寺碑〉（局部），攝自：二玄社，《唐顏師古等慈寺碑》，頁13。

〔註522〕褚遂良〈伊闕佛龕碑〉（局部），攝自：二玄社，《褚遂良伊闕佛龕碑》，頁53。

〔註523〕褚遂良〈孟法師碑〉（局部），攝自：二玄社，《褚遂良孟法師碑》，頁11。

〔註524〕褚遂良〈房玄齡碑〉（局部），攝自：二玄社，《唐褚遂良房玄齡碑》，頁23。

〔註525〕〈孔穎達碑〉（局部），攝自：二玄社，《唐裴鏡民碑／孔穎達碑》，頁63。

〔註526〕褚遂良〈雁塔聖教序〉（局部），攝自：二玄社，《唐褚遂良雁塔聖教序》，頁5。

〔註527〕褚遂良〈陰符經〉（局部），攝自：二玄社，《晉唐小楷集十一種〈越州石氏本〉》，頁37。

〔註528〕張丑，《清河書畫舫》（臺北：學海出版社，1975），寅集，頁28。

28、褚遂良臨〈飛鳥帖〉。祁毓麟謂「此純係後人之僞作」。〔註529〕尤其名款「褚」字訛作「楮」，更爲可知。

29、褚遂良〈漢太史司馬妾隨清娛墓誌〉。

30、褚遂良〈文皇哀冊〉。

31、敬客〈王居士磚塔銘〉（圖八十），〔註530〕顯慶三年（西元658年）。

32、〈佛性海藏經卷第一〉，顯慶四年（西元659年）。

33、〈妙法蓮華經卷第二〉，顯慶五年（西元660年）。

34、〈周易王弼注卷第三〉（圖八十一），〔註531〕顯慶五年（西元660年）。

35、〈阿毘曇毘婆沙卷第六十及序〉，龍朔二年（西元662年）。

36、褚遂良〈同州聖教序〉，龍朔三年（西元663年）。

37、歐陽通〈道因法師碑〉（圖八十二），〔註532〕龍朔三年（西元663年）。

38、王玄宗〈王洪範碑〉（圖八十三），〔註533〕乾封二年（西元667年）。

39、〈大樓炭經卷第三〉，上元二年（西元675年）。

40、〈妙法蓮華經卷第二〉，上元二年（西元675年）。

41、〈妙法蓮華經卷第七〉，上元三年（西元676年）。

42、〈金剛般若經〉（圖八十四），〔註534〕上元三年（西元676年）。

43、〈顏仁楚墓誌〉，乾封元年（西元679年）。

44、歐陽通〈泉男生墓誌〉（圖八十五），〔註535〕（西元679年）。

45、〈大般涅槃經迦葉菩薩品〉，太宗高宗時期（西元650～683年）。

46、〈裴自強墓誌〉，垂拱元年（西元685年）。

47、〈王勃集〉（圖八十六），〔註536〕（西元685～689年）。

48、〈觀世音經一卷〉，天冊萬歲元年（西元695年）。

〔註529〕劉正成主編，《中國書法鑑賞大辭典》，上冊，頁464。

〔註530〕敬客〈王居士磚塔銘〉（局部），攝自：劉正成主編，《中國書法鑑賞大辭典》，上冊，頁470。

〔註531〕〈周易王弼注卷第三〉（局部），攝自：《敦煌書法精粹》，隋唐卷上，頁43。

〔註532〕歐陽通〈道因法師碑〉（局部），攝自：二玄社，《唐歐陽通道因法師碑》，頁5。

〔註533〕王玄宗〈王洪範碑〉（局部），攝自：上海書畫出版社，《唐王洪範碑》，頁15。

〔註534〕〈金剛般若經〉（局部），攝自：《敦煌書法精粹》，隋唐卷上，頁52。

〔註535〕歐陽通〈泉男生墓誌〉（局部），攝自：二玄社，《唐歐陽通道因法師碑・泉男生墓誌銘》，頁46。

〔註536〕〈王勃集〉（局部），攝自：二玄社，《唐鈔本王勃集》，頁36。

49、〈大般若涅槃經卷第卅七〉，（則天文字）。

50、〈彌勒上生經〉（圖八十七），〔註537〕久視元年（西元700年）。

51、薛曜〈夏日遊石淙詩〉（圖八十八），〔註538〕久視元年（西元700年）。

52、〈妙法蓮華經卷第二〉，大周長安二年（西元702年）。

53、〈大般若涅槃經卷第七〉，景龍二年（西元708年）。

54、〈韋泂墓誌〉，神龍元年，（西元705年）。

55、薛稷〈信行禪師碑〉（圖八十九），〔註539〕神龍二年（西元706年）。

56、唐中宗〈賜盧正道敕〉（圖九十），〔註540〕景龍元年（西元707年）。

57、〈新城郡夫人獨孤氏墓誌〉，開元四年（西元716年）。

58、〈韋頊墓誌〉，開元六年（西元718年）。

59、〈妙法蓮華經卷第五〉，開元九年（西元721年）。

60、魏棲梧〈善才寺碑〉（圖九十一），〔註541〕開元十三年（西元725年）。

61、〈要行捨生經〉，開元九年（西元729年）。

62、〈遺教經〉，開元廿二年（西元735年）。

63、鍾紹京〈靈飛經〉（圖九十二），〔註542〕開元二十六年（西元738年）。

64、張旭〈郎官石廳記〉（圖九十三），〔註543〕開元二十九年（西元741年）。

65、顏真卿〈王琳墓誌銘〉（圖九十四），〔註544〕開元二十九年（西元741年）。

66、張旭〈嚴仁墓誌〉，天寶元載（西元742年）。

67、顏真卿〈郭虛己墓誌〉（圖九十五），〔註545〕天寶八載（西元749年）。

68、〈十戒經〉，天寶十載（西元751年）。

〔註537〕〈彌勒上生經〉（局部），攝自：二玄社，《隋唐寫經集》，頁40。

〔註538〕薛曜〈夏日遊石淙詩〉（局部），攝自：二玄社，《唐薛曜夏日遊石淙詩》，頁8。

〔註539〕薛稷〈信行禪師碑〉（局部），攝自：馮磊，《薛稷信行禪師碑》，頁2。

〔註540〕唐中宗〈賜盧正道敕〉（局部），攝自：二玄社，《唐中宗賜盧正道敕》，頁3。

〔註541〕魏栖梧〈善才寺碑〉（局部），攝自：二玄社，《唐魏栖梧善才寺碑》，頁10。

〔註542〕鍾紹京〈靈飛經〉（局部），攝自：李國強，《唐人小楷精選》，頁41。

〔註543〕張旭〈郎官石廳記〉（局部），攝自：二玄社，《唐張旭古詩四帖／郎官石記／肚痛帖》，頁35。

〔註544〕顏真卿〈王琳墓誌銘〉（局部），攝自：歷代碑帖法書選編輯組，《唐顏真卿書王琳墓誌銘》（北京：文物出版社，2005），頁4。

〔註545〕顏真卿〈郭虛己墓誌〉（局部），攝自：顏真卿，《顏真卿書郭虛己墓誌》（天津：天津人民美術出版社，2011），頁34。

69、顏眞卿〈多寶塔感應碑〉（圖九十六），〔註546〕天寶十一載（西元 752 年）。

70、〈金剛般若經〉，天寶十二載（西元 753 年）。

71、〈法華經玄贊卷第七〉，天寶十二載（西元 753 年）。

72、〈法華經玄贊卷第四〉。

73、顏眞卿〈東方朔畫贊碑〉，天寶十三載（西元 754 年）。

74、顏眞卿〈臧懷恪碑〉，廣德元年（西元 763 年）。

75、〈觀世音經〉，大曆五年（西元 770 年）。

76、顏眞卿〈麻姑山仙壇記〉（圖九十七），〔註547〕大曆六年（西元 771 年）。

77、顏眞卿〈大唐中興頌〉（圖九十八），〔註548〕大曆六年（西元 771 年）。

78、顏眞卿〈元次山碑〉，大曆七年（西元 772 年）。

79、顏眞卿〈竹山堂聯句詩帖〉大曆九年（西元 774 年）。

80、顏眞卿〈顏勤禮碑〉（圖九十九），〔註549〕大曆十四年（西元 779 年）。

81、顏眞卿〈自書告身〉（圖一百），〔註550〕建中元年（西元 780 年）。

82、顏眞卿〈顏氏家廟碑〉（圖一百一），〔註551〕建中元年（西元 780 年）。

83、徐浩〈不空和尚碑〉（圖一百二），〔註552〕建中二年（西元 781 年）。

84、〈古文尚書〉卷五殘卷，乾元二年（西元 789 年）。

85、柳公權〈金剛經〉，長慶四年（西元 824 年）。

86、吳彩鸞〈唐韻〉冊，太和中（西元 827～835 年）。

87、柳公權〈迴元觀鐘樓銘并序〉，開成元年（西元 836 年）。

88、〈馮宿碑〉，開成二年（西元 837 年）。

89、柳公權〈玄祕塔碑〉（圖一百三），〔註553〕會昌元年（西元 841 年）。

〔註546〕顏眞卿〈多寶塔感應碑〉（局部），攝自：二玄社，《唐顏眞卿多寶塔碑》，頁 13。
〔註547〕顏眞卿〈麻姑山仙壇記〉（局部），攝自：二玄社，《唐顏眞卿麻姑山仙壇記》，頁 14。
〔註548〕顏眞卿〈大唐中興頌〉（局部），攝自：顏眞卿《大唐中興頌》，頁 58。
〔註549〕顏眞卿〈顏勤禮碑〉（局部），攝自：二玄社，《唐顏眞卿顏勤禮碑》，頁 32。
〔註550〕顏眞卿〈自書告身〉（局部），攝自：劉人島、黃遠林，《中國楷書觀止》，上冊，頁 186、187。
〔註551〕顏眞卿〈顏氏家廟碑〉（局部），攝自：二玄社，《唐顏眞卿顏氏家廟碑》，上冊，頁 8。
〔註552〕徐浩〈不空和尚碑〉（局部），攝自：趙力光編，《不空和尚碑》，頁 9。

90、柳公權〈神策軍紀聖德碑〉（圖一百四），〔註554〕會昌三年（西元 843 年）。

91、柳公權〈劉沔碑〉，大中二年（西元 848 年）。

92、柳公權〈魏公先廟碑〉，大中六年（西元 852 年）。

93、裴休〈圭峰定慧禪師碑〉（圖一百五），〔註555〕大中九年（西元 855 年）。

94、〈瑜伽師地論卷第廿二〉，大中十年（西元 856 年）。

95、柳公權〈復東林寺碑〉，大中十一年（西元 857 年）。

96、〈王虔暢墓誌〉（圖一百六），〔註556〕咸通八年（西元 867 年）。

97、〈崔紹墓誌〉，乾符四年（西元 877 年）。

98、〈小品般若波羅蜜經卷第一〉，遂峰云：

　　此卷……頗有柳公權書法的風骨，當為中晚唐時期的經書力作。
〔註557〕

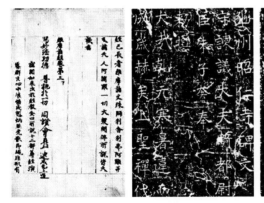

圖六十三　　　　圖六十四　　　　圖六十五　　　　圖六十六

〔註553〕柳公權〈玄祕塔碑〉（局部），攝自：二玄社，《唐柳公權玄祕塔碑》，頁 9。

〔註554〕柳公權〈神策軍紀聖德碑〉（局部），攝自：二玄社，《唐柳公權神策軍紀聖德碑》，頁 21。

〔註555〕裴休〈圭峰定慧禪師碑〉（局部），攝自：文物出版社，《唐裴休書圭峰定慧禪師碑》（北京，2011），頁 1。

〔註556〕〈王虔暢墓誌〉，攝自：劉正成主編，《中國書法鑑賞大辭典》，上冊，頁 583。

〔註557〕劉正成主編，《中國書法鑑賞大辭典》，上冊，頁 590。

圖六十七 　　　圖六十八 　　　圖六十九 　　　圖七十

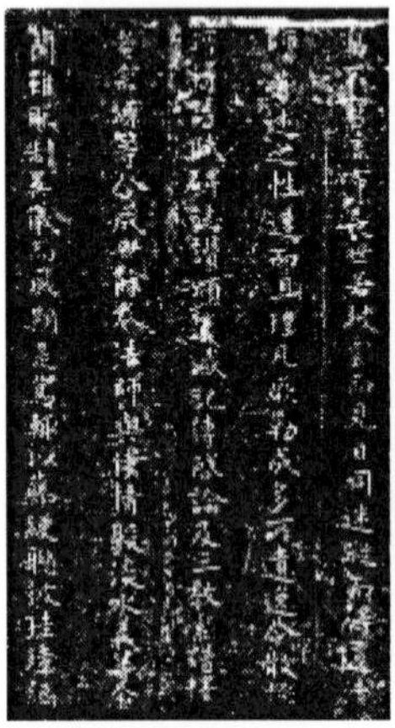

圖七十一 　　　圖七十二 　　　圖七十三 　　　圖七十四

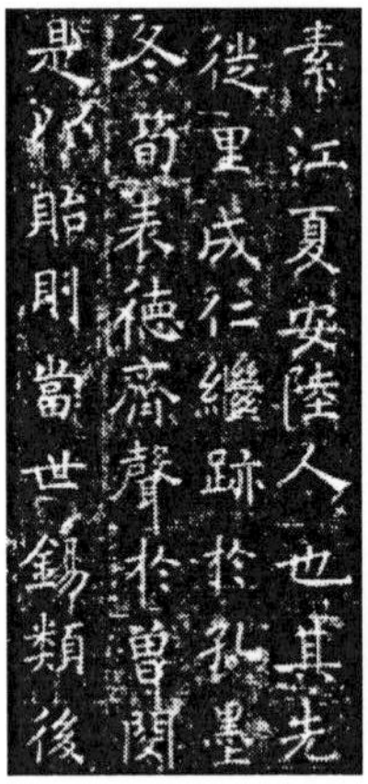

圖七十五 　　　圖七十六 　　　圖七十七 　　　圖七十八

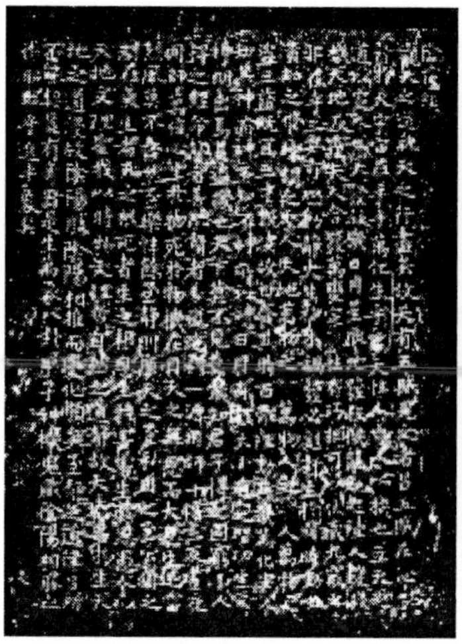

圖七十九

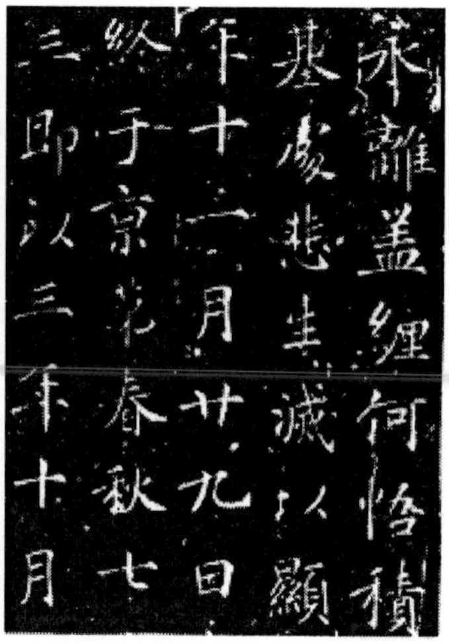

圖八十

而文則故亨分剛上而文柔故小利有
攸往……
……天文也文……
……觀乎天文以察時變

圖八十一

圖八十二

圖八十三

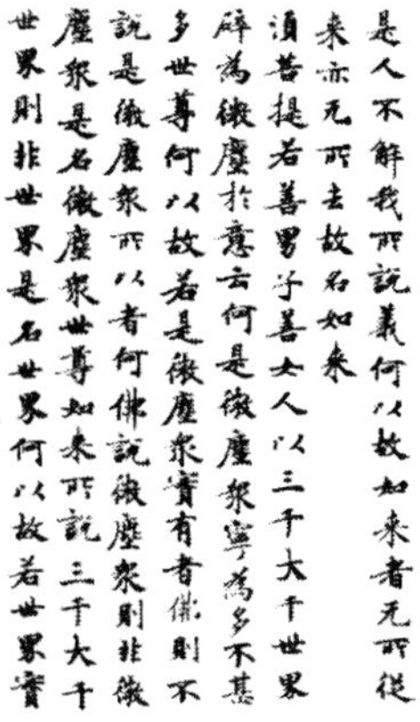

圖八十四

圖八十五

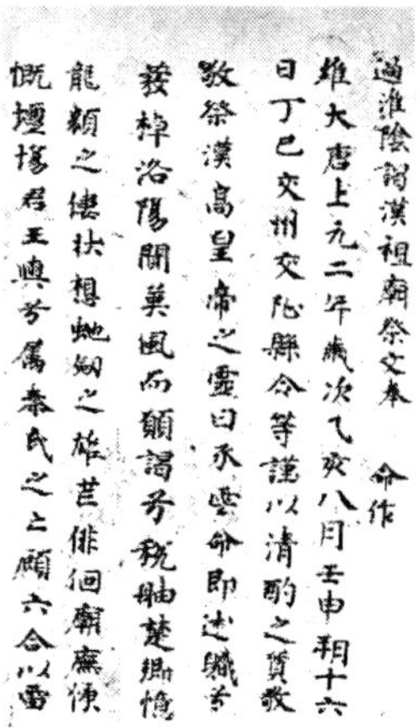

圖八十六

圖八十七

圖八十八

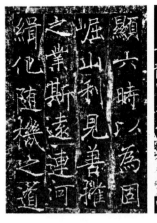

圖八十九　　　　　圖九十　　　　　　圖九十一

圖九十二　　　　　圖九十三　　　　　圖九十四

圖九十五　　　　　圖九十六　　　　　圖九十七

圖九十八　　　　圖九十九　　　　　　　圖一百

圖一百一　　　　圖一百二　　　　圖一百三　　　　圖一百四

圖一百五　　　　　　　　圖一百六

一般將唐代楷書區分爲唐初、中唐、晚唐三期。康有爲云：

> 唐世書凡三變，唐初歐虞褚薛王陸，並轡疊軌，皆尚爽健。開元御
> 宇，天下平樂。明皇極豐肥，故李北海、顏平原、蘇靈芝輩，並趨
> 時主之好，皆宗肥厚。元和後，沈傳師、柳公權出，矯肥厚之病，
> 專尚清勁，然骨存肉削，天下並矣。〔註558〕

謂唐初「尚爽健」，開元後「宗肥厚」，元和後「尚清勁」。馬宗霍則云：

> 唐代書家之盛，不減於晉。……然其間又可略分爲三期。唐初太宗
> 篤好右軍之書，銳意臨摹，且搨蘭亭序以賜朝貴。故於時士大夫皆
> 宗法右軍：虞世南學於智永，固爲右軍嫡系矣；即歐陽詢、褚遂良，
> 阮氏目爲北派者，亦不能不旁習右軍，以結主意。及武后當朝，猶
> 向王方慶索右軍遺蹟。是以貞觀永徽以還，右軍之勢幾奔走天
> 下。……惟唐初既胎晉爲息，終屬寄人籬下，未能自立。逮顏魯公
> 出，納古法於新意之中，生新法於古意之外，陶鑄萬象，隱括眾
> 長，……於是始成爲唐代之書。……元和而後，沈傳師、柳公權之
> 徒，復專主瘦挺，似欲矯中唐肥厚之失，然……凋敝之象以見，適
> 成爲晚唐之書而已矣。〔註559〕

　　根據傳世書跡之書法風格，唐代楷書多取法王羲之、智永，除少數如顏
師古〈等慈寺碑〉、歐陽通〈道因法師碑〉、唐中宗〈賜盧正道敕〉之外，大
多擺脫傳統「銘石書」以方折爲主之筆勢。而盛唐顏魯公又創造出以雄強取
勝的大丈夫本色的唐楷風貌，與先前王羲之優雅的文士書風媲美，楷書至此
爰臻於成熟。

〔註558〕康有爲著、祝嘉疏證，《廣藝舟雙楫疏證》（臺北：華正書局，1982），卷二，
　　　　頁43。
〔註559〕馬宗霍，《書林藻鑑》，卷八，頁110～111。